DIREITO DO SANEAMENTO BÁSICO

Paulo Affonso Leme Machado

DIREITO DO SANEAMENTO BÁSICO

2021

EDITORA JusPODIVM

www.editorajuspodivm.com.br

EDITORA *Jus*PODIVM
www.editorajuspodivm.com.br

Rua Território Rio Branco, 87 – Pituba – CEP: 41830-530 – Salvador – Bahia
Tel: (71) 3045.9051
• Contato: https://www.editorajuspodivm.com.br/sac

Capa: Ana Caquetti

Diagramação: Lupe Comunicação e Design (*lupecomunicacão@gmail.com*)

M149d Machado, Paulo Affonso Leme.
Direito do Saneamento Básico / Paulo Affonso Leme Machado – Salvador: Editora JusPodivm, 2021.
208 p.

Bibliografia.
ISBN 978-65-5680-670-9.

1. Direito constitucional. 2. Direito ambiental. 3. Direito administrativo. 4. Direito econômico. I. Machado, Paulo Affonso Leme. II. Título.

CDD 341.2

Minha homenagem aos mestres que tive o contentamento de orientar na Unesp – Rio Claro e na Unimep – Piracicaba

Aloísio Calzoni Bozzini
Alexandre Rossi
Ana Carolina Santos Surgik
Regina Helena Fonseca Fortes Furtado
Fabiane Parente
Rafael Bueno Barboza
Sandra Akemi Shimada Kishi
Fletcher Eduardo Penteado
Wlamir Amaral
Alexandra Facciolli Martins
Antônio Zanollo Neto
Roberto Elias Rodrigues
Renata Helena da Silva Bueno
Elizabeth Fagundes
Davi Augusto Barrichello
Walmir de Oliveira
Ana Lúcia Catto
Sérgio Alexandre Pares Vita
Annelise Varanda Dante Abdalla
Oriel da Rocha Queiroz
Lílian Piro de Oliveira
Jorge Alberto Mamede Masseran
Maria Ester Menna Barreto Camino
Daniela Scaranello Elias de Almeida
Taísa Cristina Sibinelli
Rômulo Gobbi
Carol Manzoli Palma
Francisco Saccomano Neto
Tereza Elisa Margarida de Almeida
Mariana Camargo de Oliveira
Maria Aparecida Nogueira Serigatto Braghetta.
Sérgio Claro Buonamici
Claudiney Albino Xavier
João Carlos Cabrelon de Oliveira
Enéas Xavier de Oliveira Júnior
Riolando Gonzaga Franco Neto
Andreza Tatiana da Silva
Rodrigo de Credo
Juliana Pagotto Re
Rômulo Augusto Arsufi Vigatto
David Figueiredo Barros do Prado
Leandro de Marzo Barreto.
José Antônio Tibúrcio
Adriene Sidney de Moura David
Leandro Zedes Lares Fernandes
Melina Scarassati Galvani
Marina Gobbo Rodrigues
Vanessa Cristina do Nascimento Nagase
Marcos Galli Costacurta
Juliana Aparecida Brechó
Thiago Reis Augusto Rigamonti
Luiz Rodrigues Alves

Piracicaba, 5 de abril de 2021.

Professor Paulo Affonso Leme Machado

APRESENTAÇÃO

O novo livro – *Direito do Saneamento Básico* – analisa duas leis que se entrosaram – a Lei 14.026, de 15 de julho de 2020, e a Lei 11.445, de 5 de janeiro de 2007. O saneamento básico abrange quatro áreas importantíssimas para a saúde humana e para o meio ambiente, a saber: abastecimento de água potável, esgotamento sanitário, limpeza urbana e manejo dos resíduos sólidos.

A matéria tratada nesta obra, sem adentrar em assuntos de alta complexidade jurídica, aborda, contudo, com a maior objetividade possível, os temas com a visão do Direito Constitucional, do Direito Ambiental, do Direito Administrativo e do Direito Econômico.

A legislação trata os grandes temas referidos estabelecendo "diretrizes nacionais". É de se ter atenção à terminologia utilizada pela lei – diretrizes –, o que mostra ser matéria da competência limitada da União, como se vê no art. 21, inciso XX da Constituição Federal. A legislação federal não pode descer a detalhes ou minúcias nos temas do saneamento básico, que são da competência dos Estados e dos Municípios. Nem por isso, a legislação federal deixa de ser relevante, pois apresenta os fundamentos de toda a política pública de saneamento básico do país.

A Lei 14.026/2020 apresenta dezesseis princípios fundamentais, que estão abordados no livro publicado. Entre os princípios, aponto alguns deles, a universalização do acesso ao serviço público do saneamento, a transparência das ações, o controle social, a segurança, a qualidade, a regularidade e a continuidade. Universalizar o acesso é facilitar e aumentar o número de pessoas servidas pelo saneamento básico.

Nas duas edições da legislação sobre saneamento básico – em 2007 e em 2020 – está declarada a importância do controle social. A transmissão permanente de informações e a inserção do direito da participação pelos usuários e pela sociedade civil em toda cadeia de atos administrativos é que poderão garantir o sucesso de uma revitalização do direito a uma vida saudável e em harmonia com o meio ambiente – objetivos fundamentais do saneamento básico. Este livro aborda essa problemática, acreditando que o leitor vivenciará os problemas jurídicos e técnicos que se procurou apontar.

Paulo Affonso Leme Machado

SUMÁRIO

INTRODUÇÃO

As finalidades buscadas pelo saneamento básico, em especial a distribuição de água potável e o esgotamento sanitário, somam-se aos objetivos do desenvolvimento sustentável. Não se pode pensar em desenvolvimento sustentável sem conservação do meio ambiente e combate à fome e a ausência de educação. Por isso, parece-me oportuno inserir aqui a **Declaração do Rio de Janeiro Sobre Meio Ambiente e Desenvolvimento de 1992**, em seu Princípio 5:

> Todos os Estados e todos os povos devem cooperar com a tarefa essencial da eliminação da pobreza, que constitui uma condição indispensável do desenvolvimento sustentável, com o fim de reduzir as diferenças de níveis de vida e de responder, da melhor forma, às necessidades da maioria dos povos do mundo[1].

A Constituição da República declara que a "saúde é direito de todos e dever do Estado" (art. 196, *caput*). A distribuição de água potável e a coleta dos esgotos sanitários e seu tratamento constituem, sem favor, direito de todos. Constitui objetivo fundamental da República "erradicar a pobreza" (art. 3º, III).

1. Déclaration de Rio sur l'environnement et le développement. *Recueil francophone des traités et textes internationaux en droit de l'environnement*. Sous la direction de Michel Prieur et de Stéphane Doumbé-Billé. Bruxelles: Bruylant, p. 33, 1998 (minha tradução).

1. Estabelecimento das diretrizes nacionais para o saneamento básico e para a política federal de saneamento básico

O Poder Executivo federal encaminhou o Projeto de Lei n. 4.162, de 2019, à Câmara dos Deputados em 2 de agosto de 2019. Esse projeto de lei transformou-se na Lei n. 14.026/2020, que deu nova redação à Lei 11.445/2007, estabelecendo as diretrizes nacionais para o saneamento básico e para a política federal de saneamento básico.

A Constituição Federal declara que compete à União: instituir diretrizes para o desenvolvimento urbano, inclusive, habitação, saneamento básico e transportes urbanos (art. 21, XX). De acordo com o art. 21, inciso XX, da Constituição, a União não pode organizar e manter os serviços públicos de saneamento de forma direta e exclusiva. A Constituição foi bem clara, pois quando quis ocupar-se de uma determinada atividade, disse: "organizar e manter os serviços oficiais de estatística, geografia, geologia e cartografia de âmbito nacional" (art. 21, XV).

O Supremo Tribunal Federal já decidiu que "norma geral, como por exemplo posta na Constituição, tem o sentido de diretriz, de princípio geral". A norma geral federal, melhor seria dizer, nacional, seria a moldura do quadro a ser pintado pelos Estados e Municípios no âmbito de suas competências. Com propriedade, registra a professora Alice Gonzalez Borges que as "normas gerais", leis nacionais, "são necessariamente de caráter mais genérico e abstrato que as normas locais"[1] .

O estabelecimento das diretrizes do saneamento básico não pode pretender esgotar a matéria, pois isso seria retirar a autonomia dos outros entes federados – os Estados, o Distrito Federal e os Municípios, conforme o artigo 18 da Constituição. As diretrizes devem possibilitar uma prática harmônica e sem diferenças nos fundamentos do saneamento básico quando o assunto for tratado pelos outros entes federados. Portanto, a Lei n. 14.026/2020, norma geral federal – no que diz respeito aos Estados, ao Distrito Federal e aos Municípios – não pode descer a detalhes ou minúcias, que devem ser deixados para leis estaduais e leis municipais de saneamento básico.

1. ADI-MC 927-3/RS. Relator Ministro Carlos Velloso. Julgado em 3 de novembro de 1993. Participaram do julgamento os Ministros Celso de Mello, Ilmar Galvão, Néri da Silveira, Marco Aurélio, Moreira Alves, Octávio Gallotti, Paulo Brossard, Sepúlveda Pertence, Sidney Sanches. Ausente Ministro Francisco Rezek.

2. Princípios Fundamentais do Saneamento Básico

A Lei 11.445, de 5 de janeiro de 2007, com as modificações dadas pela Lei n. 14.026/2020, previu dezesseis princípios fundamentais para a prestação dos serviços públicos de saneamento básico (art. 2º). A concepção desses princípios tem a finalidade de ser uma bússola na interpretação de todo o conjunto de regras formuladas na Lei. Analisaremos os princípios e procuraremos constatar se a nova legislação criou instrumentos para colocá-los em prática.

2.1. Princípio fundamental do saneamento básico da universalização do acesso e efetiva prestação do serviço público de saneamento básico – art. 2º, inciso I

Universalizar[1] o acesso é facilitar e aumentar o número das pessoas que serão servidas pelo saneamento básico. O sentido

1. "Universalizar é tornar universal; generalizar, difundir, espalhar por toda a parte" (*Dicionário Brasileiro da Língua Portuguesa* (Mirador Internacional. São Paulo: Companhia Melhoramentos de São Paulo. 1976, v. II, p. 1.780).

do termo é o de difundir largamente[2], de generalizar[3] e de "tornar comum"[4]. O contrário de universalizar é personalizar a prestação do serviço, é restringir o acesso. Na lei comentada, o termo "universalização" não está empregado no sentido de cosmopolizar, isto é, "de ser distribuído por todo o mundo"[5]. A nova Lei procura vivenciar bastante este princípio da forma como será exposto neste estudo.

2.2. Princípio fundamental do saneamento básico da integralidade – art. 2º, inciso II

É compreendido como o conjunto de atividades e componentes de cada um dos diversos serviços de saneamento que propicie à população o acesso a eles, em conformidade com suas necessidades, e maximize a eficácia das ações e dos resultados. O princípio da integralidade abarca um conjunto de atividades como: abastecimento de água potável; esgotamento sanitário; limpeza urbana; manejo de resíduos sólidos e drenagem de águas pluviais urbanas.

O princípio da integralidade pressupõe que todas, ou algumas atividades mencionadas, sejam realizadas em conjunto ou ao mesmo tempo. Deixa de haver observância da integralidade, se essas atividades forem levadas à prática em tempo diferente

2. *Le Robert Illustré 2020.* Paris: Dictionnaires Le Robert -SEJER p. 2004, 2020 (minha tradução).
3. *The American Heritage Dictionary of the English Language.* William Morris, Editor. New York: American Heritage Publishing Co. p. 1.401, 1970 (minha tradução).
4. Aurélio Buarque de Holanda Ferreira. Novo Aurélio Século XXI: o dicionário da língua portuguesa. 3.ª edição. Rio de Janeiro: Nova Fronteira, p. 2032, 1999.
5. *Dicionário Brasileiro da Língua Portuguesa.* Ob.cit., v. I, p. 499.

ou em etapas temporalmente separadas. Nem sempre as quatro áreas do saneamento básico estarão agrupadas.

2.3. Principío fundamental do saneamento básico consistente na adequação dos elementos que compõem o saneamento básico à conservação da saúde pública, à conservação dos recursos naturais e à proteção do meio ambiente – art. 2º, inciso III

Não basta a existência quantitativa do abastecimento de água, do esgotamento sanitário, da limpeza urbana e do manejo dos resíduos sólidos, mas é necessário que atuem qualitativamente para a a existência da vida, da qualidade de vida e do meio ambiente adequado. O saneamento básico não pode operar numa única direção, mas precisa agir de uma forma plural, levando em conta ao mesmo tempo as quatro áreas: saúde pública, recursos naturais, meio ambiente e saneamento básico.

2.4. Princípio fundamental do saneamento básico focalizando as atividades nas áreas urbanas – art. 2º, inciso IV

Nas áreas urbanas, devem existir e agir serviços de drenagem e manejo das águas pluviais, tratamento, limpeza e fiscalização preventiva das redes, adequados à saúde pública, à proteção do meio ambiente e à segurança da vida e do patrimônio público e privado. Não ficam dissociadas as outras atividades, como abastecimento de água potável e esgotamento sanitário, cuja importância está inserida em princípios anteriores, mas, no quarto princípio fundamental, coloca-se em relevo a área urbana do Município. Com a evolução da política nacional de saneamento básico, é de ser pensada a atuação nas localidades de pequeno porte: vilas, aglomerados rurais, povoados e aldeias (art. 2º, VIII).

2.5. Princípio fundamental do saneamento básico preconizando a adoção de métodos, técnicas e processos que considerem as peculiaridades locais e regionais – art. 2º, inciso V

As particularidades dos locais – metrópoles, municípios e bairros – e as peculiaridades da Regiões e dos Estados devem ser levadas em conta no emprego de métodos, técnicas e processos. A Lei federal de saneamento básico traça somente as normas gerais, deixando para os Estados e Municípios fazerem a adequação necessária para a realidade física, geográfica, ecológica e econômica deste país imenso.

2.6. Princípio fundamental do saneamento básico determinando a articulação da política federal de saneamento básico com as outras políticas públicas – art. 2º, inciso VI

A política federal de saneamento básico deve articular-se com as políticas públicas de desenvolvimento urbano e regional, de habitação, de combate à pobreza e de sua erradicação, de proteção ambiental, de promoção da saúde, de recursos hídricos e outras de interesse social relevante, destinadas à melhoria da qualidade de vida.

Pode parecer um princípio somente bem intencionado. Contudo, é um princípio que deve ser arduamente colocado em prática, pois o saneamento básico não é um valor isolado e que possa permitir esquecer-se das realidades do desenvolvimento, da pobreza, da promoção da saúde e da proteção ambiental. É um princípio que tem como consequência o dever jurídico de entrar em harmonia com outros valores e políticas públicas ambientais, sociais e econômicas.

O choque ou a contrariedade das normas de saneamento básico com as normas e políticas referidas indica a necessidade de ajustamento em via administrativa ou enseja a propositura de ação judicial para que o Judiciário indique a devida solução.

2.7. Princípio fundamental do saneamento básico da eficiência e da sustentabilidade econômica – art. 2º, inciso VII

A "eficiência" é um dos princípios da Administração pública direta e indireta, conforme determina a Constituição da República Federativa do Brasil (artigo 37, *caput*). A eficiência se revela por metas e cronograma de universalização de serviços (ver artigo 11, I e V, da Lei), que trata das condições de validade do contrato que tenham por objeto a prestação de serviços públicos de saneamento básico. O princípio da sustentabilidade econômica tem a ver com "viabilidade econômico-financeira" (art. 11, II) e com "plano de investimentos" (art. 11, §1º da Lei).

2.8. Princípio fundamental do saneamento básico de estímulo à pesquisa, ao desenvolvimento e à utilização de tecnologias apropriadas – art. 2º, inciso VIII

Devem ser consideradas a capacidade de pagamento dos usuários, a adoção de soluções graduais e progressivas e a melhoria da qualidade com ganhos de eficiência e redução dos custos para os usuários. Neste princípio, a figura central é o usuário do serviço público de abastecimento de água potável, do esgotamento sanitário e da limpeza das vias públicas. Estimula-se a pesquisa e o desenvolvimento de tecnologia que sejam favoráveis a redução dos custos para os usuários e que tenham eficiência.

2.9. Princípio fundamental do saneamento básico da transparência das ações – art. 2º, inciso IX

Esse princípio é baseado em sistemas de informações e processos decisórios institucionalizados. O nono e o décimo princípio estão bem entrosados, ambos visando à informação de todos e a participação cívica nos processos decisórios em funcionamento.

"A transparência é um sistema que pretende deixar a Administração Pública visível a qualquer hora e em qualquer momento."[6] "A transparência difere do acesso à informação, pois a comunicação deve fluir sem que se solicite"[7]. A Constituição já estabelece como princípio constitucional da Administração Pública direta e indireta a "publicidade". A Lei do Saneamento Básico avança no sentido de informar melhor e de forma contínua.

2.10. Princípio do controle social – art. 2º, inciso X

A própria Lei, em seu artigo 3º, IV, conceitua controle social como "conjunto de mecanismos e procedimentos que garantem à sociedade informações, representações técnicas e participação nos processos de formulação de políticas, de planejamento e de avaliação relacionados com os serviços públicos de saneamento básico".

A Lei dá a garantia da informação e da participação, sendo muito clara em instituir três tipos de participação social: parti-

6. Paulo Affonso Leme Machado. *Direito à Informação e Meio Ambiente*. 2ª ed. São Paulo: Malheiros Ed., p. 67, 2018.
7. Idem.

cipação da sociedade nos processos de formulação de políticas, participação da sociedade nos processos de planejamento e participação da sociedade nos processos de avaliação, tudo relacionado com os serviços públicos de saneamento básico.

Desde já avulta a força da informação como um sol que faz brilhar as boas práticas de gestão dos bens públicos, sendo oportuno citar Norberto Bobbio que afirma: "em que outra forma de governo pode ocorrer esse controle, a não ser naquela em que o povo tem direito de tomar parte ativa na vida política?".[8]

2.11. Princípio fundamental do saneamento básico da segurança, da qualidade, da regularidade e da continuidade – art. 2º, inciso XI

São quatro qualidades que o legislador entendeu deverem ser alicerces do saneamento básico. A primeira – segurança – é abrangente, porque possibilita qualidades dos serviços, evita interrupções ocasionando irregularidades e descontinuidade dos serviços de saneamento básico. O desempenho desse serviço público deve ser, necessariamente, avaliado levando em conta as quatro qualidades apontadas. O saneamento básico deve ter qualidade. Aconselhável a consulta aos dicionários: "De qualidade. 1. De boa qualidade"[9]; "Cualidad: 2. Em sentido absoluto, buena calidad, superioridad ou excelência[10]. A Lei 6.938/1981 emprega o termo "qualidade", por diversas vezes: "A Política Nacional do Meio Ambiente tem por objetivo a

8. José Fernandez Santillan. *Norberto Bobbio: o Filósofo e o Político – Antologia/ Democracia e Segredo.* Rio de Janeiro: Contraponto, 2003. p. 307-308.

9. *Novo Aurélio Século XXI: o dicionário da língua portuguesa/* Aurélio Buarque de Holanda Ferreira. 3ª ed. Rio de Janeiro: Nova Froteira, p. 1675, 1999.

10. *Diccionario de la Lengua Española.* 21ª ed. Madrid: Real Academia Española, Editoral Espasa Calpe.p. 365, tomo I, 1992.

preservação, a melhoria e a recuperação da qualidade ambiental" (art. 2º, *caput*); estabelece como princípio o "acompanhamento do estado da qualidade ambiental" (art. 2º, VII), tendo definido a degradação da qualidade ambiental como "a alteração adversa das características do meio ambiente" (art. 3º, II).

A regularidade apresenta-se como um princípio fundamental do saneamento básico pela necessidade da precisão desse serviço público. A regularidade vai ser medida e avaliada pela devida estruturação das quatro áreas que compõem o saneamento básico.

A continuidade constitui um princípio fundamental do saneamento básico, pois esse serviço público não é intermitente, mas contínuo. A não interrupção é um dos aspectos estruturais de um adequado saneamento básico.

2.12. Princípio fundamental do saneamento básico da integração das infraestruturas e dos serviços com a gestão eficiente dos recursos hídricos – art. 2º, inciso XII

Integrar as infraestruturas e os serviços de saneamento básico com a gestão dos recursos hídricos não significa unificar os serviços, mas fazer uma articulação dos serviços, visando à eficiência, economicidade e continuidade.

O artigo 4º da Lei diz:

> Art. 4º. Os recursos hídricos não integram os serviços públicos de saneamento básico.
>
> Parágrafo único. A utilização de recursos hídricos na prestação de serviços públicos de saneamento básico, inclusive para disposição ou diluição de esgotos e outros resíduos líquidos, é sujeita à outorga de direito de uso, nos termos da Lei 9.433, de 8 de janeiro de 1997, de seus regulamentos e das legislações estaduais.

O serviço público de saneamento básico, na parte do abastecimento de água, só ocorrerá se previamente tiver havido a outorga do direito de uso desse recurso hídrico federal ou estadual, conforme for o domínio constitucional dessas águas.

2.13. Princípio fundamental do saneamento básico concernente ao uso devido das águas e do esgotamento sanitário – art. 2º, inciso XIII

Esse princípio reúne diversas metas: redução e controle das perdas de água, inclusive na distribuição de água tratada, estímulo à racionalização de seu consumo pelos usuários e fomento à eficiência energética, ao reúso de efluentes sanitários e ao aproveitamento de águas de chuva. Esse princípio não expressa somente sugestões ou proposições, mas aponta as metas mínimas que devem constar em todo contrato envolvendo o saneamento básico.

2.14. Princípio fundamental do saneamento básico indicando a opção da prestação regionalizada dos serviços – art. 2º, inciso XIV

Esse princípio tem quatro finalidades: primeira, geração de ganhos de escala; segunda, garantia da universalização dos serviços; terceira, viabilidade técnica dos serviços; e quarta, a viabilidade econômico-financeira dos serviços. A geração de ganhos de escala é analisada no item 18.5.1.

A região não figura entre os entes formadores da Federação Brasileira que são a União, os Estados e o Distrito Federal e os Municípios. Ainda que a Região Metropolitana tenha sua menção na Constituição, essa entidade não é um ente indispensável na estrutura constitucional do país. É de notar-se que a Lei impulsiona consideravelmente a regionalização do saneamento básico.

2.15. Princípio fundamental do saneamento básico concernente à seleção competitiva do prestador dos serviços – art. 2º, inciso XV

O princípio visa a contratação, para a prestação dos serviços públicos de saneamento básico, do prestador de serviço mais apto, com melhor capacidade financeira e maior capacidade técnica, para ser possível a celebração de um contrato regular (artigo 3º, IX, da Lei). É, além de tudo, um princípio constitucional de moralidade e de eficiência (art. 37, parágrafo único, da Constituição).

2.16. Princípio fundamental do saneamento básico é o da prestação concomitante dos serviços de abastecimento de água e de esgotamento sanitário – art. 2º, inciso XVI

A adoção desse princípio faz a junção preferencial de dois serviços de saneamento básico: o abastecimento de água e o esgotamento sanitário. Os serviços relativos à coleta, varrição manual e mecanizada, asseio e conservação urbana, transporte, transbordo, tratamento e destinação final ambientalmente adequada dos resíduos sólidos domiciliares e dos resíduos de limpeza urbana não estão apontados como fazendo parte indispensável da prestação aludida no princípio 16º da Lei comentada. De modo implícito, abre-se a possibilidade de que esses serviços mencionados no artigo 3º, I, alínea "c" possam ser realizados de forma separada.

3. ABRANGÊNCIA DOS SERVIÇOS PÚBLICOS DE SANEAMENTO BÁSICO

3.1. Serviços públicos de abastecimento de água

Consideram-se serviços públicos de abastecimento de água a sua distribuição mediante ligação predial, incluídos eventuais instrumentos de medição, bem como, quando vinculadas a essa finalidade, as seguintes atividades: reservação de água bruta; captação de água bruta; adução de água bruta; tratamento de água bruta; adução de água tratada; e reservação de água tratada (art. 3º-A da Lei). Água bruta é a água de uma fonte de abastecimento, antes de receber qualquer tratamento[1].

3.2. Serviços públicos de esgotamento sanitário

Consideram-se serviços públicos de esgotamento sanitário aqueles constituídos por uma ou mais das seguintes ativida-

1. *Glossário de Termos Usuais em Ecologia*. 1ª. Ed. São Paulo: Academia de Ciências do Estado de São Paulo Coordenação: Marilza Cordeiro Marino, João Salvador Furtado e Yara Struffaldi de Vuono. P. 3, 1980.

des: coleta, incluída ligação predial, dos esgotos sanitários; transporte dos esgotos sanitários; tratamento dos esgotos sanitários; e disposição final dos esgotos sanitários e dos lodos originários da operação de unidades de tratamento coletivas ou individuais de forma ambientalmente adequada, incluídas fossas sépticas (art. 3º-B da Lei).

Nas Zonas Especiais de Interesse Social (Zeis) ou outras áreas do perímetro urbano ocupadas predominantemente por população de baixa renda, o serviço público de esgotamento sanitário, realizado diretamente pelo titular ou por concessionário, inclui conjuntos sanitários para as residências e solução para a destinação de efluentes, quando inexistentes, assegurada compatibilidade com as diretrizes da política municipal de regularização fundiária (art. 3º-B, parágrafo único).

3.3. Serviços públicos especializados de limpeza urbana e de manejo de resíduos sólidos

Consideram-se serviços públicos especializados de limpeza urbana e de manejo de resíduos sólidos as atividades operacionais de coleta, transbordo, transporte, triagem para fins de reutilização ou reciclagem, tratamento, inclusive por compostagem, e destinação final dos: resíduos domésticos; resíduos originários de atividades comerciais, industriais e de serviços, em quantidade e qualidade similares às dos resíduos domésticos, que, por decisão do titular, sejam considerados resíduos sólidos urbanos, desde que tais resíduos não sejam de responsabilidade de seu gerador, nos termos da norma legal ou administrativa, de decisão judicial ou de termo de ajustamento de conduta; e resíduos originários dos serviços públicos de limpeza urbana, tais como: a) serviços de varrição, capina, roçada, poda e atividades correlatas em vias e logradouros públicos; b) asseio de túneis, escadarias, monumentos, abrigos e sanitários públicos; c) raspagem e remoção de terra, areia e quaisquer materiais depositados pelas águas pluviais em logradouros públicos; d) desobstrução e limpeza de bueiros, bocas de lobo e correlatos; e) limpeza de logradouros públicos onde se realizem feiras públicas e outros eventos de acesso aberto ao público; e f) outros eventuais serviços de limpeza urbana (art. 3º-C da Lei).

3.4. Serviços públicos de manejo de água pluviais urbanas

Consideram-se serviços públicos de manejo das águas pluviais urbanas aqueles constituídos por uma ou mais das seguintes atividades: drenagem urbana; transporte de águas pluviais urbanas; detenção ou retenção de águas pluviais urbanas para amortecimento de vazões de cheias; e tratamento e disposição final de águas pluviais urbanas (art. 3º-D da Lei).

A Lei entendeu agrupar quatro setores de serviços públicos como integrando o saneamento básico. Entretanto, nem sempre essa reunião dessas quatro áreas será traduzida em eficiência. Pondere-se que dois setores devem agir conjuntamente – a distribuição de água e o esgotamento sanitário.

Como particularidades sobre a abrangência ou não do conceito de serviço público de saneamento básico há de serem notados os artigos 5º e 6º.

Não constitui serviço público a ação de saneamento executada por meio de soluções individuais, desde que o usuário não dependa de terceiros para operar os serviços, bem como as ações e serviços de saneamento básico de responsabilidade privada, incluindo o manejo de resíduos de responsabilidade do gerador (art. 5º da Lei).

O lixo originário de atividades comerciais, industriais e de serviços cuja responsabilidade pelo manejo não seja atribuída ao gerador pode, por decisão do poder público, ser considerado resíduo sólido urbano (art. 6º da Lei).

As águas pluviais que venham a ser coletadas em áreas ou terrenos privados urbanos podem ser coletadas pelos proprietários ou posseiros desses imóveis. Essa parte do Código das Águas, art. 103 do Decreto n. 24.643/1934, permanece em vigor. Este é o meu entendimento[2] e também do professor José Afonso da Silva[3]. Se as águas das chuvas não forem coletadas ou utilizadas nas áreas privadas e forem escoadas para vias públicas, então o prestador de serviço poderá utilizar-se dessas águas, que irão juntar-se às águas pluviais existentes nas vias públicas.

---

2. Paulo Affonso Leme Machado. *Direito Ambiental Brasileiro*. 27. ed. São Paulo: Editora Juspodivm e Malheiros Editores p. 532, 2020.
3. José Afonso da Silva. *Comentário Contextual à Constituição*, 8. ed., São Paulo: Malheiros Editores, p. 296, 2012.

4. DO EXERCÍCIO DA TITULARIDADE

4.1. Titulares dos serviços públicos de saneamento básico

Exercem a titularidade dos serviços públicos de saneamento básico: os Municípios e o Distrito Federal, no caso de interesse local; e o Estado, em conjunto com os Municípios que compartilham efetivamente instalações operacionais integrantes de regiões metropolitanas, aglomerações urbanas e microrregiões, instituídas por lei complementar estadual, no caso de interesse comum (art. 8º, I e II da Lei).

Ter titularidade de um serviço público equivale a ter responsabilidade jurídica sobre esse serviço público. A titularidade, no caso, dá aos entes federados direito e dever. Direito de encarregar-se da execução do serviço público de forma direta ou de transferi-la para a administração indireta ou para terceiros.

Há três hipóteses para o exercício da titularidade dos serviços públicos de saneamento básico: a primeira hipótese, havendo interesse local, será o Município o titular dos serviços públicos de saneamento básico. O Supremo Tribunal

Federal[1] decidiu que o Município tem competência para distribuição de água potável.

Na segunda hipótese, é o caso da região metropolitana, das aglomerações urbanas e das microrregiões, todas instituídas por lei complementar estadual, em caso de interesse comum, quando o Estado terá titularidade do serviço público de saneamento básico em conjunto com os Municípios participantes da entidade criada.

A terceira hipótese é a gestão associada mediante consórcio público ou convênio de cooperação, nos termos do art. 241 da Constituição Federal (ver o art. 8º da Lei).

4.2. Gestão associada de serviços públicos, mediante consórcio ou convênio de cooperação

O artigo 241 da Constituição, conforme a Emenda Constitucional n. 19/98, diz:

> Art. 241. A União, os Estados, o Distrito Federal e os Municípios disciplinarão por meio de lei os consórcios públicos e os convênios de cooperação, entre os entes federados, autorizando a gestão associada de serviços públicos, bem como a transferência total ou parcial de encargos, serviços, pessoal e bens essenciais à continuidade dos serviços transferidos.

Criterioso o comentário do Professor José Afonso da Silva: "A mudança feita no conteúdo do dispositivo também era, a rigor, desnecessária, porque o parágrafo único do art. 23 já tinha cuidado da matéria em sua essência".[2]

---

1. STF ADI nº 2.340, Rel. Min. Ricardo Lewandowski, julgado em 06.03.2013.
2. José Afonso da Silva. *Comentário Contextual à Constituição*. 8ª ed. São Paulo: Malheiros Ed., p. 905, 2012.

Os consórcios intermunicipais de saneamento básico, compostos exclusivamente por Municípios, poderão prestar serviços aos seus consorciados através de autarquia intermunicipal.

A gestão associada é a associação voluntária entre entes federativos, por meio de consórcio público ou convênio de cooperação (art. 3º, II), conforme o referido art. 241 da Constituição.

Os consórcios intermunicipais de saneamento básico terão como objetivo, exclusivamente, o financiamento das iniciativas de implantação de medidas estruturais de abastecimento de água potável, esgotamento sanitário, limpeza urbana, manejo de resíduos sólidos, drenagem e manejo de águas pluviais (art. 8º, §1º, II).

A Lei proíbe a formalização de contrato de programa com sociedade de economia mista ou empresa pública, ou a subdelegação do serviço prestado pela autarquia intermunicipal sem prévio procedimento licitatório (art. 8º, § 1º, II, parte final). É uma salutar inovação. Há possibilidade de formalização de contrato de programa com sociedade de economia mista ou empresa pública, ou a subdelegação do serviço prestado pela autarquia intermunicipal de saneamento básico se houver prévio procedimento licitatório. A regra de vedação visa evitar o favorecimento da empresa pública e da sociedade de economia mista em relação às empresas privadas.

O Município ou o Estado e os Municípios da Região Metropolitana – quem for o titular dos serviços públicos – deverá definir a entidade responsável pela regulação e fiscalização desses serviços, independentemente da modalidade de sua prestação (art. 8º, § 5º).

Resumindo esse item, pode-se afirmar que, segundo o artigo 241 da Constituição e a Lei comentada, desejam que no consórcio público e no convênio de cooperação só se associem os entes federados.

4.3. Unidade regional de saneamento básico

A prestação regionalizada é uma modalidade de prestação integrada de um ou mais componentes dos serviços públicos de saneamento básico em determinada região cujo território abranja mais de um Município, podendo ser estruturada em: a) região metropolitana, aglomeração urbana ou microrregião; b) unidade regional de saneamento básico; e c) bloco de referência (art. 3º, VI).

A unidade regional de saneamento básico está definida no art. 3º, VI, alínea "b", da Lei n. 11.445/2007: é a unidade instituída pelos Estados mediante lei ordinária, constituída pelo agrupamento de Municípios não necessariamente limítrofes, para atender adequadamente às exigências de higiene e saúde pública, ou para dar viabilidade econômica e técnica aos Municípios menos favorecidos. Reúne diversos Municípios e é criada pelos Estados por lei ordinária.

As unidades regionais de saneamento básico devem contemplar, de preferência, pelo menos uma região metropolitana (art. 8º, § 2º). É preciso acentuar-se que na definição de unidade regional de saneamento básico do artigo 3º, VI, alínea "b", não consta a presença da região metropolitana, contudo, já no artigo 8º, § 2º, indica-se a região metropolitana como uma presença preferencial.

Aplica-se para a a estrutura de governança da unidade regional de saneamento básico o Estatuto da Metrópole (Lei n. 13.089, de 12 de janeiro de 2015).

As unidades regionais de saneamento básico devem apresentar sustentabilidade econômico-financeira. Não se conceituou expressamente a dimensão dessa sustentabilidade, pois pode-se pensar que essas unidades devam ser financiadas pelos usuários ou pelos concessionários privados.

É facultativa a adesão dos titulares dos serviços públicos de saneamento de interesse local às estruturas das formas de prestação regionalizada (art. 8º-A). Esses titulares são os Municípios que estão atuando com fundamento no interesse local, que não são obrigados a integrar as unidades regionalizadas.

Questão de grande repercussão jurídica está prevista no artigo 8º-B da Lei n. 11.445/2007: no caso de prestação regionalizada dos serviços de saneamento, as responsabilidades administrativa, civil e penal são exclusivamente aplicadas aos titulares dos serviços públicos de saneamento, nos termos do art. 8º desta Lei. O texto do art. 8º-B indica que a unidade regional de saneamento básico não será responsabilizada como pessoa jurídica, mas os "titulares dos serviços públicos de saneamento básico, que são os Municípios e o Distrito Federal e o Estado, em conjunto com os municípios que compartilham efetivamente instalações operacionais integrantes de regiões metropolitanas, aglomerações urbanas e microrregiões, instituídas por lei complementar estadual, no caso de interesse comum". Há de ser lembrada a possibilidade da responsabilização penal da pessoa jurídica, conforme o artigo 225, § 3º, da Constituição e do artigo 3º da Lei 9.605, de 12 de fevereiro de 1998.

4.4. A gestão associada e a desnecessidade de autorização legal

> Art. 8º, § 4º. Os Chefes dos Poderes Executivos da União, dos Estados, do Distrito Federal e dos Municípios poderão formalizar a gestão associada para o exercício de funções relativas aos serviços públicos de saneamento básico, ficando dispensada, em caso de convênio de cooperação, a necessidade de autorização legal.

A Constituição deu a diretriz a ser seguida através do artigo 241, determinando que a União, os Estados, o Distrito Federal e os Municípios disciplinarão por meio de lei os consórcios públicos e os convênios de cooperação, entre os entes federados, autorizando a gestão associada de serviços públicos. Parece-me que a dispensa de "autorização legal", isto é, da elaboração de uma lei específica, leva em conta que se associam nessa gestão somente "entes federativos", não entrando nessa gestão associada (art. 3º, II) as administrações indiretas dos entes federativos. Vale insistir no que consta do artigo 8º, § 1º, II, parte final – "vedada a formalização de contrato de programa com sociedade de economia mista ou empresa pública, ou a subdelegação do serviço prestado pela autarquia intermunicipal sem prévio procedimento licitatório".

Parece-me de duvidosa constitucionalidade que uma lei ordinária, como é a lei comentada, possa excluir a necessidade de autorização, mediante lei, quando se tratar de convênio de cooperação e concessão da alçada dos Municípios e dos Distrito Federal (art. 8º, I) e do Estado e conjunto com os Municípios (art. 8º, II). Os Municípios e os Estados têm autonomia para legislar diferentemente em relação ao art. 8º, § 4º, de forma que haja necessidade de autorização legal, isto é, o ato do Poder Executivo (Prefeito ou Governador do Distrito Federal) e o ato Governador do Estado sejam submetidos à apreciação da Câmara Municipal e da Assembleia Legislativa.

5. RECURSOS HÍDRICOS E SERVIÇOS PÚBLICOS DE SANEAMENTO BÁSICO

5.1. A outorga do direito de uso dos recursos hídricos

> Art. 4º Os recursos hídricos não integram os serviços públicos de saneamento básico.
>
> Parágrafo único. A utilização de recursos hídricos na prestação de serviços públicos de saneamento básico, inclusive para disposição ou diluição de esgotos e outros resíduos líquidos, é sujeita a outorga de direito de uso, nos termos da Lei 9.433, de 8 de janeiro de 1997, de seus regulamentos e das legislações estaduais.

A expressão "recursos hídricos" não abrange todas as águas, tanto que as águas pluviais urbanas estão incluídas nos serviços públicos de saneamento básico: a drenagem urbana, o transporte de águas pluviais urbanas, a detenção ou retenção de águas pluviais urbanas para amortecimento de vazões de cheias e tratamento e disposição final de águas pluviais urbanas. A Constituição utiliza o termo "águas" para "águas superficiais ou subterrâneas, fluentes, emergentes e em depósito" (art. 26, I) e "correntes de águas" (art. 20, III).

A utilização de recursos hídricos na prestação de serviços públicos de saneamento básico é sujeita a outorga de direito de uso, nos termos da Lei 9.433, de 8 de janeiro de 1997 (art. 4º, parágrafo único, da Lei n. 14.026/2020). Vamos explicitar o que consta da referida Lei 9.433/1997, na parte que interessa ao saneamento básico:

> Art. 12. Estão sujeitos a outorga pelo Poder Público os direitos dos seguintes usos de recursos hídricos:
>
> I – derivação ou captação de parcela da água existente em um corpo de água para consumo final, inclusive abastecimento público, ou insumo de processo produtivo;
>
> III – lançamento em corpo de água de esgotos e demais resíduos líquidos ou gasosos, tratados ou não, com o fim de sua diluição, transporte ou disposição final;

Necessário atentar-se para o disposto na Lei 9.433/1997: o regime de outorga de direitos de uso de recursos hídricos tem como objetivos assegurar o controle quantitativo e qualitativo dos usos da água e o efetivo exercício dos direitos de acesso à água (art. 11). "Essa norma legal é vinculante para a ação governamental federal e estadual na outorga de direitos de uso. Os governos não podem conceder ou autorizar usos que agridam a qualidade e a quantidade das águas, assim como não podem agir sem equidade no outorgarem acesso à água"[1].

5.2. Entrosamento entre a outorga hídrica e o edital de licitação dos serviços públicos de saneamento básico

Na outorga hídrica, será fixada a quantidade de água que poderá ser captada e o preço dessa água. Portanto, é a partir do

1. Paulo Affonso Leme Machado. *Direito Ambiental Brasileiro.* 27ª ed. São Paulo: Editora Juspodium e Malheiros Editores, p. 564, 2020.

estabelecido nessa outorga que poderá ocorrer o planejamento do serviço de abastecimento de água potável ou ser inserido o esgotamento sanitário. Sem outorga hídrica prévia não deve ocorrer a licitação e o contrato de concessão.

> O regime de outorga dos direitos de uso dos recursos hídricos tem como um de seus três objetivos, o de assegurar "o efetivo exercício dos direitos de acesso à água" (art. 11 da Lei 9.433/1997). Dois aspectos da regra legal mencionada merecem ser salientados: o primeiro é que a outorga visa possibilitar o exercício efetivo de um direito, não se deixando esse direito no terreno da não aplicação do direito; segundo é que a lei não afirma somente a possibilidade de acesso à água, mas é incisiva ao dizer que quer a efetividade do exercício dos direitos de acesso à água. Não se trata de uma faculdade ou eventualidade conceder a outorga, mas, havendo água, o poder público não pode equitativamente negar a sua outorga. O artigo 11 da Lei é avançado ao afirmar "os direitos de acesso à água". Receber a água existente não é um favor, ainda que se coloquem legalmente obrigações para essa acessibilidade.[2].

2. Paulo Affonso Leme Machado. *Direito Ambiental Brasileiro.* Ob. cit. p. 573-574.

6. FORMULAÇÃO DA POLÍTICA PÚBLICA DE SANEAMENTO BÁSICO

O titular dos serviços públicos de saneamento básico – o Município ou o Estado, com Municípios coligados – deverá formular a política pública de saneamento básico, devendo inserir nesse documento:

6.1. Elaboração dos planos de saneamento básico – art. 9º, I, da Lei n. 11.445/2007

Elaborar os planos de saneamento básico, estabelecendo metas e indicadores de desempenho e apontando mecanismos de aferição de resultados, a serem obrigatoriamente observados na execução dos serviços prestados de forma direta ou por concessão. Portanto, nessa primeira etapa, três elementos devem ser tratados no plano, com clareza e objetividade: metas, indicadores de desempenho e mecanismos de aferição de resultados. O plano de saneamento básico deve conter os dados fáticos e legais concernentes a cada área do saneamento para a qual será executado o serviço público.

6.2. Definição da entidade responsável pela regulação e fiscalização – art. 9º, II, da Lei n. 11.445/2007

Prestar diretamente os serviços, ou conceder a prestação deles, e definir, em ambos os casos, a entidade responsável pela regulação e fiscalização da prestação dos serviços públicos de saneamento básico (art. 9º, II).

A entidade de regulação e fiscalização deve fazer parte da estrutura administrativa do titular do serviço público – Município ou Estado com Municípios coligados. Essa entidade pode fazer da administração direta ou indireta, tendo o chamado "poder de polícia" para exercer o poder de regulação e o poder de fiscalização com relação aos serviços públicos do saneamento básico.

6.3. Definição de parâmetros – art. 9º, III, da Lei n. 11.445/2007

Na política pública de saneamento básico deverá ocorrer a definição dos parâmetros a serem adotados para a garantia do atendimento essencial à saúde pública, inclusive quanto ao volume mínimo *per capita* de água para abastecimento público, observadas as normas nacionais relativas à potabilidade da água (art. 9º, III).

Definir parâmetros ou valores essenciais à saúde pública tem sido tarefa de órgãos ou de conselhos da saúde pública e do meio ambiente. A Lei indica um valor a ser apresentado: "volume mínimo per capita de água para abastecimento público", que não é somente um valor objetivo, mas um valor decorrente do tamanho da população a ser servida e de suas diferentes faixas etárias.

6.4. Estabelecimento dos direitos e dos deveres dos usuários – art. 9º, IV, da Lei n. 11.445/2007

Um dos direitos básicos dos usuários é o da universalização dos serviços públicos de saneamento básico, direito de acesso à água potável para as necessidades vitais de cada ser humano, morador no território onde estão instalados ou se planeja instalar o serviço de abastecimento de água, de esgotamento sanitário e o serviço de limpeza urbana e de manejo de resíduos sólidos.

O direito de universalização de serviços, suas metas e seu cronograma devem constar dos contratos que tenham por objeto a prestação dos serviços públicos, como condição de validade (art. 11, V da Lei). Como um dos deveres dos usuários está o de pagar as tarifas pelos serviços públicos prestados, com observância do princípio da modicidade tarifária.

6.5. Procedimentos de controle social – art. 9º, V, da Lei n. 11.445/2007

Os mecanismos e os procedimentos de controle social devem ser estabelecidos com a observância do disposto no inciso IV do *caput* do art. 3º desta Lei (art. 9º, V). Já foi comentado o controle social como décimo princípio fundamental do saneamento básico.

A inserção ou não do controle social é que representará sucesso ou fracasso dessa política pública que trata da distribuição da água, do esgotamento sanitário e da coleta e do manejo dos resíduos sólidos. Não há como esconder esse fato, pois, se o planejamento e a execução desse plano de saneamento básico for um assunto em que só opinem e mandem a administração pública e o concessionário, o resultado já é conhecido: só o concessionário lucrará e os usuários serão seriamente prejudicados.

O controle social precisa operar em diversas fases, desde o início, e não ser transmitida a informação somente quando a administração pública já tiver tomado sua decisão. A real implementação do controle social não é um milagre, tem dificuldades, exige esforço persistente dos que querem ser informados, mas é inegável que esse controle significa uma grande inovação para o saneamento básico.

6.6. Sistema de informações sobre os serviços públicos de saneamento básico – art. 9º, VI, da Lei n. 11.445/2007

Deverá ser implementado o sistema de informações sobre os serviços públicos de saneamento básico, articulado com o Sistema Nacional de Informações em Saneamento Básico (Sinisa), o Sistema Nacional de Informações sobre a Gestão dos Resíduos Sólidos (Sinir) e o Sistema Nacional de Gerenciamento de Recursos Hídricos (Singreh), observadas a metodologia e a periodicidade estabelecidas pelo Ministério do Desenvolvimento Regional. (art. 9º, VI).

Além da informação a ser coletada e transmitida aos usuários e munícipes, constituindo esses dados um sistema de informações sobre os serviços públicos de saneamento básico, a política pública desse setor deve articular-se com os sistemas nacionais de informação Sinisa, Sinir e Singreh.

6.7. Intervenção nos serviços delegados – art. 9º, VII, da Lei n. 11.445/2007

Está prevista na Lei a intervenção e a retomada da operação dos serviços delegados, por indicação da entidade reguladora, nas hipóteses e nas condições previstas na legislação e nos contratos (art. 9º, VII).

A política pública de saneamento básico deve prever casos de intervenção do titular do serviço público de saneamento básico. O titular do serviço público de saneamento básico – Município ou o Estado, com os Municípios coligados – tem o dever primacial de intervir quando o serviço público não estiver sendo executado na forma prevista no contrato. A retomada da operação do serviço delegado ou contratado deverá ter a indicação da entidade reguladora, observando-se as metas e cronogramas constantes no contrato.

A Constituição prevê, em seu artigo 175, a obrigação da concessionária ou da permissionária manter o serviço público adequado, não sendo uma faculdade ou somente uma meta possível, mas um dever que não se pode deixar de cobrar. "Serviço adequado é o que satisfaz as condições de regularidade, continuidade, eficiência, segurança, atualidade, generalidade, cortesia na sua prestação e modicidade das tarifas" (art. 6º, § 1º da Lei 8.987/1995).

7. PLANEJAMENTO DA PRESTAÇÃO DOS SERVIÇOS PÚBLICOS DE SANEAMENTO BÁSICO

7.1. Formulação do plano de saneamento básico

O titular dos serviços elaborará os planos de saneamento básico (art. 9º, I, da Lei 11.445/2007, com alteração da pela Lei 14.026/2020).

7.2. Conteúdo do plano de saneamento básico

O plano de saneamento básico pode abranger as quatro áreas mencionadas no art. 3º, inciso I e suas quatro alíneas, ou pode ser específico para cada área. O art. 19 prevê, em cinco incisos, o *conteúdo mínimo do plano de saneamento básico*, como será visto em seguida.

Saliente-se que "o plano regional de saneamento básico pode contemplar um ou mais componentes do saneamento básico, com vistas à otimização do planejamento e da prestação de serviços" (art. 17, § 1º da Lei). "A consolidação e a compatibilização dos planos específicos de cada serviço serão efetuadas pelos respectivos titulares" (art. 19, § 2º), mostrando-se o controle direto que os titulares – Municípios, isoladamente considerados, e Municípios em conjunto com o Estado – devem ter sobre os planos específicos de distribuição de água, de esgotamento sanitário, de coleta e tratamento dos rejeitos e da coleta de águas pluviais. No plano, há de ser apontado o tratamento legal já existente sobre cada área de serviço público a ser objeto do contrato.

7.2.1. Diagnóstico da situação e causas das deficiências encontradas – art. 19, I, da Lei n. 11.445/2007

Diagnóstico da situação e de seus impactos nas condições de vida, utilizando sistema de indicadores sanitários, epidemiológicos, ambientais e socioeconômicos e apontando as causas das deficiências detectadas (art. 19, I, da Lei). Três análises devem ser feitas: diagnóstico da situação, impactos nas condições de vida e causas das deficiências detectadas.

No diagnóstico da situação e de seus impactos nas condições de vida, devem ser utilizados indicadores sanitários, epidemiológicos, ambientais e socioeconômicos. Torna-se necessário encontrar informações precisas sobre os métodos utilizados para converter dados quantitativos ou qualitativos expressos nos indicadores"[1]. Além do diagnóstico, o plano deverá indicar as causas das deficiências encontradas, sendo que quem aponta as causas, pode apontar, também, possíveis soluções.

---

1. Michel Prieur. *Les indicateurs juridiques. Outils d'évaluation de l'effectivité du droit de l'environnement.* Quebec : Institut de la Francophonie pour le Développement Durable (IFDD) 2018.

7.2.2. *Objetivos e metas para a universalização e planos setoriais: gradualismo e progressividade – art. 19, II, da Lei n. 11.445/2007*

Deve constar do Plano os objetivos e metas de curto, médio e longo prazo para a universalização, admitindo soluções graduais e progressivas (art. 19, II, da Lei). É de ser ressaltado o enfoque da Lei – as soluções para a universalização devem ser "graduais e progressivas".

Busca-se a exequibilidade, o possível incrustado na vontade de tornar acessível a todos os serviços públicos de saneamento básico. Todavia, as metas não podem ser falsas ou mal formuladas e, por isso, devem seguir um itinerário gradual, ainda que avançando sempre. Os objetivos e metas da universalização devem buscar ser compatíveis com outros planos, principalmente o plano de recursos hídricos da bacia hidrográfica.

7.2.3. *Programas, planos plurianuais e financiamento – art. 19, III, da Lei n. 11.445/2007*

No plano, devem ser inseridos programas, projetos e ações necessárias para atingir os objetivos e as metas, de modo compatível com os respectivos planos plurianuais e com outros planos governamentais correlatos, identificando possíveis fontes de financiamento (art. 19, III, da Lei). A menção do termo "financiamento" é importante, pois mostra que a implantação e funcionamento dos programas e projetos dependem não só da contribuição dos usuários de alta ou média renda, mas de financiamento privado ou público, como o BNDES – Banco Nacional do Desenvolvimento Econômico e Social.

7.2.4. Ações para emergência e contingências – art. 19, IV, da Lei n. 11.445/2007

"Emergência ambiental é a situação resultante de um fenômeno de origem natural ou antrópica, que seja suscetível de provocar graves danos ao meio ambiente ou aos ecossistemas e que, por suas características, requeira assistência imediata" (artigo 1º do Decreto n. 7.940/2013, que promulgou o Acordo do Mercosul). O enfrentamento da emergência requer "prevenção, mitigação, alerta, resposta, e informações em matéria de tecnologias aplicáveis" (artigo 3º, item "b", do Decreto)

Suponhamos uma situação em que a água captada de um curso de água, que vai ser enviada a uma entidade de saneamento básico, comece a diminuir. A quantidade hídrica fornecida a essa entidade também sofrerá uma diminuição sensível, Em outra situação, um derramamento de um poluente altamente tóxico nas águas de uma represa, acarretará a suspensão do fornecimento de água para a prestadora de serviço de saneamento básico.

Todas essas situações devem ser previstas no Plano, como, também, a menção das medidas de curto, médio e longo prazo a serem tomadas para reparar essas situações.

7.2.5. Procedimentos para a avaliação sistemática da eficiência e eficácia das ações programadas – art. 19, V, da Lei n. 11.445/2007

A eficiência e a avaliação das ações programadas necessitam ser submetidas ao procedimento de prestação de contas, internacionalmente conhecido como *accountability*[2].

---

2. "accountable: with the dut of having to give an explanation ». *Longman Dictionary of Contemporary English*. London : Longman Group Ltd, 1978.

Para ser confiável, esse procedimento precisa ser apresentado em audiência pública, onde sejam expostos, sem reservas, todo o funcionamento da concessionária, as suas qualidades e êxitos, suas carências, seus defeitos, e as soluções propostas.

7.3. Aprovação dos planos de saneamento básico

"Os planos de saneamento básico serão aprovados por atos dos titulares dos serviços públicos" (art. 19, § 1º da Lei). Como já foi explanado, os titulares dos serviços públicos de saneamento básico são os Municípios, cada um de *per si,* ou o Estado e os Municípios agindo em conjunto para a prestação de serviços regionalizada.

Diz o referido parágrafo que os planos "poderão ser elaborados com base em estudos fornecidos pelos prestadores de cada serviço". É uma parte da Lei que peca por parcialidade, pois os estudos deveriam ser contratados diretamente pelos titulares dos serviços públicos, e não pelas empresas interessadas em lucrar – adequada ou até inadequadamente – nas concessões já obtidas ou com pretensão de obtê-las.

7.4. Compatibilização entre planos de saneamento básico e outros planos: exemplo da associação de catadores

Os planos de saneamento básico deverão ser compatíveis com os planos das bacias hidrográficas e com o plano diretor dos Municípios em que estiverem inseridos (art. 19, § 3º da Lei).

Compatibilizar é estar de acordo, é harmonizar-se com alguém ou com determinadas situações. É de ser considerado que na compatibilização deve-se levar em conta o plano já existente. O mesmo ocorre com os planos de desenvolvimento urbano integrado das unidades regionais abrangidos por diversos Municípios.

Por exemplo: quando se tratar de coleta de resíduos sólidos, torna-se necessário levantar a informação acerca da existência ou não de associação de catadores operando legalmente no Município e fazer a articulação do trabalho dos catadores com a coleta a ser operada pelo prestador desse serviço público. O plano municipal de gestão integrada de resíduos sólidos deve conter os "programas e ações para a participação dos grupos interessados, em especial das cooperativas ou outras formas de associação de catadores de materiais reutilizáveis e recicláveis formadas por pessoas físicas de baixa renda, se houver" (art. 19, XI da Lei n. 12.305/2010).

A consolidação e a compatibilização dos planos específicos de cada serviço serão efetuadas pelos respectivos titulares (art. 19, § 2º).

7.5. Os planos de saneamento básico e as audiências públicas e consultas públicas

"Será assegurada ampla divulgação das propostas dos planos de saneamento básico e dos estudos que as fundamentem, inclusive com a realização de audiências ou consultas públicas" (art. 19, § 5º). Este parágrafo segue o princípio do controle social previsto no art. 2º, X, da Lei n. 11.445/2007. Antes da votação do Plano de Saneamento Básico, as propostas devem ser amplamente divulgadas através de audiências públicas e de consultas públicas, cumprindo-se a lei, que preceitua uma ampla discussão.

7.6. Duração dos planos de saneamento básico

A lei não estabeleceu um prazo mínimo para a vigência do Plano de Saneamento Básico. Determina que esse Plano deva ser revisto, no mínimo, a cada dez anos (art. 19, § 4º). Há de ser ponderado que, surgindo circunstâncias novas, de natureza ambiental, política e econômica, é possível, motivadamente, ser feita a revisão do Plano, antes do término dos dez anos.

7.7. Abrangência do plano de saneamento básico

Diz o art. 19, § 8º da Lei n. 11.445/2007: "Exceto quando regional, o plano de saneamento básico deverá englobar integralmente o território do ente da Federação que o elaborou".

À primeira vista, pode-se entender que esse Plano é exageradamente amplo quando se trate de uma metrópole. Mas a cidade grande geralmente está unida a outros municípios para a prestação regional do saneamento básico.

7.8. O plano de saneamento básico e os contratos

É condição de validade do contrato que tenha por objeto a prestação de serviços públicos de saneamento básico a existência de plano de saneamento básico (art. 11, I da Lei).

7.9. A União e o plano nacional de saneamento básico

A União elaborará, sob a coordenação do Ministério do Desenvolvimento Regional, o Plano Nacional de Saneamento Básico (art. 52, I da Lei).

8. DA REGULAÇÃO E DA ENTIDADE REGULADORA E FISCALIZADORA

8.1. Definição da entidade de regulação e de fiscalização

O titular dos serviços públicos deverá definir a entidade responsável pela regulação e fiscalização desses serviços. Saliente-se que o termo "definir" juridicamente não é preciso, dando oportunidade a várias interpretações. Pode-se entender que o titular dos serviços públicos deva instituir uma entidade de regulação e fiscalização, mas, também, que esse titular possa utilizar uma entidade já existente que possa agregar à sua estrutura as finalidades dessa entidade (art. 8º, § 5º, e art. 9º, II da Lei).

Na lei, encontra-se a expressão "entidade responsável pela regulação e fiscalização" (art. 9º, II), "entidade reguladora" (art. 9º, VII e art. 23, *caput*), "agência reguladora" (art. 11-B, § 5º e § 7º), "entidade de regulação" (art. 12, § 1º), "entidade reguladora e fiscalizadora dos serviços" (art. 20, parágrafo único), "regulador" (art. 41).

Se houver dúvida da competência entre o Município e o Estado e Municípios de uma região metropolitana, já decidiu o Supremo Tribunal Federal que a distribuição de água potável é matéria de interesse local e, portanto, de competência do Município, tendo o Estado competência subsidiária.[1]

O exercício da titularidade dos serviços de saneamento básico poderá ser também por gestão associada, mediante consórcio ou convênio de cooperação, nos termos do artigo 241 da Constituição Federal. Devem ser observadas duas disposições: I – fica admitida a formalização de consórcios intermunicipais de saneamento básico, exclusivamente composto de Municípios, que poderão prestar o serviço aos seus consorciados diretamente, pela instituição de autarquia intermunicipal; II – os consórcios intermunicipais de saneamento básico terão como objetivo, exclusivamente, o financiamento das iniciativas de implantação de medidas estruturais de abastecimento de água potável, esgotamento sanitário, limpeza urbana, manejo de resíduos sólidos, drenagem e manejo de águas pluviais, vedada a formalização de contrato de programa com sociedade de economia mista ou empresa pública, ou a subdelegação do serviço prestado pela autarquia intermunicipal, sem prévio procedimento licitatório (art. 8º, § 1º, da Lei)

8.2. Regulação desempenhada por entidade dotada de independência decisória e de autonomia

A função de regulação será desempenhada por entidade de natureza autárquica dotada de independência decisória e

1. STF. ADI 2.340, Rel. Ministro Ricardo Lewandowski. Julgado em 06.03.2013. In: José dos Santos Carvalho Filho. *Manual de Direito Administrativo*. 30ª ed. São Paulo: Atlas, p. 346, 2016.

autonomia administrativa, orçamentária e financeira (art. 21, *caput*, da Lei). O § 1º do art. 23 diz: "A regulação da prestação dos serviços públicos de saneamento básico poderá ser delegada pelos titulares a qualquer entidade reguladora, e o ato de delegação explicitará a forma de atuação e a abrangência das atividades a serem desempenhadas pelas partes envolvidas".

Aparentemente, o art. 21 e o art. 23 são divergentes. Em razão do art. 21 entende-se que, pelo fato da própria existência da entidade reguladora, ela já tenha a competência para fazer a regulação, não precisando de nenhuma delegação explícita do titular dos serviços. Contudo, o teor do § 1º do art. 23 afirma que o titular dos serviços poderá delegar para a entidade reguladora a tarefa da regulação. O titular dos serviços, por força do art.9º, tem diversos poderes que integram a função reguladora. Parece-me que será prudente, quando houver dúvida, entre a dimensão do poder do titular de serviços e a entidade reguladora, que haja expressa delegação conforme o art. 23, § 1º.

A entidade reguladora é o cérebro que vai possibilitar o sucesso ou o fracasso do planejamento e da execução da política de saneamento básico. Independência decisória não se ganha somente com uma inclusão no texto da lei, mas precisa ser sustentada por garantias de exercício nas funções decisórias. Como se vê da experiência das autarquias abaixo mencionadas, é importante que nas entidades incumbidas de fazer a gestão de interesses supraindividuais tão importantes, os diretores tenham um mandato, que possa dar chance à autêntica independência decisória, na observância da "autonomia administrativa, orçamentária e financeira" (art. 21 da Lei).

Menciono como foram instituídos órgãos públicos que tratam de bens públicos de interesse coletivo. Em relação à

Agência Nacional de Energia Elétrica (ANEEL) o art. 4º da Lei n. 9.427/1996 prevê: "A ANEEL será dirigida por um Diretor-Geral e quatro Diretores, em regime de colegiado, cujas funções serão estabelecidas no ato administrativo que aprovar a estrutura organizacional da autarquia". Os diretores serão nomeados pelo Presidente da República e submetidos à análise do Senado. Já a Agência Nacional de Mineração (ANM), instituída pela Lei 13.575/2017, tem na sua Diretoria cinco membros – o diretor geral e mais quatro diretores, nomeados com mandato de quatro anos (arts. 5º e 7º da Lei n. 13.575/2017).

A entidade de regulação do saneamento básico deve atender aos "princípios de transparência, tecnicidade, celeridade e objetividade das decisões" (art. 21 da Lei n. 11.445/2007). Sem sobrevalorizar a entidade reguladora, é de ser dito que supervisionar a prestação de serviços que cuida da distribuição de água potável e do esgotamento sanitário é tarefa indispensável para assegurar uma vida humana digna, saudável e harmônica.

8.3. Objetivos da regulação, conforme o art. 22 da Lei n. 11.445/2007, com redação da Lei 14.026/2020

8.3.1. Estabelecimento de padrões e normas, com observação das normas de referência editadas pela ANA: limites dos poderes da ANA e a Constituição

A Agência Nacional de Águas (ANA) teve sua estruturação mudada pela Lei n. 14.026/2020, havendo a agregação da função de saneamento básico à ANA. As "normas de referência" estão expressas na Lei n. 9.984/2000, com a nova redação.

A ANA instituirá normas de referência para a regulação dos serviços públicos de saneamento básico por seus titulares e suas entidades reguladoras e fiscalizadoras (art. 4º-A, § 1º da Lei n. 9.984/2000):

> Art. 4º-A. § 1º. Caberá à ANA estabelecer normas de referência sobre:
>
> I – padrões de qualidade e eficiência na prestação, na manutenção e na operação dos sistemas de saneamento básico;
>
> II – regulação tarifária dos serviços públicos de saneamento básico, com vistas a promover a prestação adequada, o uso racional de recursos naturais, o equilíbrio econômico-financeiro e a universalização do acesso ao saneamento básico;
>
> III – padronização dos instrumentos negociais de prestação de serviços públicos de saneamento básico firmados entre o titular do serviço público e o delegatário, os quais contemplarão metas de qualidade, eficiência e ampliação da cobertura dos serviços, bem como especificação da matriz de riscos e dos mecanismos de manutenção do equilíbrio econômico-financeiro das atividades;
>
> IV – metas de universalização dos serviços públicos de saneamento básico para concessões que considerem, entre outras condições, o nível de cobertura de serviço existente, a viabilidade econômico-financeira da expansão da prestação do serviço e o número de Municípios atendidos;
>
> V – critérios para a contabilidade regulatória;
>
> ***VI – redução progressiva e controle da perda de água;***
>
> VII – metodologia de cálculo de indenizações devidas em razão dos investimentos realizados e ainda não amortizados ou depreciados;
>
> VIII – governança das entidades reguladoras, conforme princípios estabelecidos no art. 21 da Lei nº 11.445, de 5 de janeiro de 2007;
>
> IX – reúso dos efluentes sanitários tratados, em conformidade com as normas ambientais e de saúde pública;
>
> X – parâmetros para determinação de caducidade na prestação dos serviços públicos de saneamento básico;

> XI – normas e metas de substituição do sistema unitário pelo sistema separador absoluto de tratamento de efluentes;
>
> XII – sistema de avaliação do cumprimento de metas de ampliação e universalização da cobertura dos serviços públicos de saneamento básico;
>
> XIII – conteúdo mínimo para a prestação universalizada e para a sustentabilidade econômico-financeira dos serviços públicos de saneamento básico. (grifo nosso)

O que se constata na redação dessa parte da Lei n. 9.984/2000 é uma manifestação de centralização de poder nas mãos de um órgão da União – a ANA. Nunca é demais repetir que a forma federativa do Estado está consagrada na Constituição, entre outros pelos artigos 1º,18 e 60, § 4º, I, não se admitindo que haja deliberação de proposta tendente a abolir a Federação.

Não se está exagerando, mas é fácil ver que a ANA, do ano 2000 a 2020, teve competência para atuar adequadamente no campo só das águas, cuja legislação é privativa da União. Com a reforma realizada em 2020, quer-se colocar o saneamento básico na mesma condição da competência das águas, sem nenhuma previsão constitucional que autorize. A União, no campo da saúde e do meio ambiente, pode estabelecer normas gerais, podendo essas normas ser suplementadas pelos Estados (art. 24 da CF) e pelos Municípios (art. 30 da CF).

É de pasmar que em todos os incisos do art. 4º-A, § 1º, somente o inciso VI se refere à água, com a seguinte redação: "redução progressiva e controle da perda da água".

Essas normas de referências supracitadas retiram a autonomia das entidades reguladoras dos Municípios e dos Estados, coligados com os Municípios, através da prestação regionalizada, podendo estabelecer normas de governança das entidades reguladoras. A federação brasileira não foi criada artificialmente, mas pela própria geografia e pela história do Brasil, tendo sido um dos fundamentos na República, conforme a primeira Constituição Republicana de 1891.

Acentue-se que nenhum órgão do Poder Executivo federal, estadual e municipal, seja da administração direta ou indireta, é dotado de competência legislativa, pois, como é óbvia essa competência, ela é exercida no plano federal pela Câmara dos Deputados e pelo Senado Federal, no plano estadual, pelas Assembleias Legislativas e no plano municipal, pelas Câmaras Municipais. Atente-se sobre as atribuições do Presidente da República, em especial, a atribuição de "sancionar, promulgar e fazer publicar as leis, bem como expedir decretos e regulamentos para sua fiel execução" (art. 84, IV, da CF). Portanto, uma "norma de referência" da ANA deve caminhar dentro do trilho estabelecido pela lei, isto é, só pode normatizar para "a fiel execução da lei", não podendo inovar ou contrariar o que a Lei de Diretrizes para o Saneamento Básico e outras leis do setor tenham previsto.

8.3.2. Função de dar garantia aos contratos de prestação de serviços e aos planos municipais ou de prestação regionalizada

> Art. 22. (...)
>
> II- garantir o cumprimento das condições e metas estabelecidas nos contratos de prestação de serviços e nos planos municipais ou de prestação regionalizada de saneamento básico;

A entidade reguladora deve controlar o cumprimento das condições e das metas constantes nos contratos de prestação de serviços. A entidade reguladora também deve controlar o cumprimento das condições e das metas constantes nos planos municipais ou de prestação regionalizada de saneamento básico.

8.3.3. Prevenção e repressão do abuso do poder econômico.

> Art. 22. (...)
>
> III- prevenir e reprimir o abuso do poder econômico, ressalvada a competência dos órgãos integrantes do Sistema Brasileiro de Defesa da Concorrência;

Cumpre exaustivamente resguardar a lisura das licitações públicas, evitando-se o abuso dos concorrentes que agem coligados na sombra de acordos sigilosos, lesando a honradez e a eficiência desses serviços públicos.

8.3.4. Definir tarifas

> Art. 22. (...)
>
> IV- definir tarifas que assegurem tanto o equilíbrio econômico-financeiro dos contratos quanto a modicidade tarifária, por mecanismos que gerem eficiência e eficácia dos serviços e que permitam o compartilhamento dos ganhos de produtividade com os usuários.

Na definição de tarifas, a entidade reguladora deve assegurar o equilíbrio econômico e a modicidade dessas tarifas, através de mecanismos que irão propiciar eficiência e eficácia dos serviços e que permitam o compartilhamento dos ganhos de produtividade com os usuários desses serviços.

8.4. Edição pela entidade reguladora de normas relativas às dimensões técnica, econômica e social de prestação dos serviços públicos de saneamento básico

Essas normas abrangerão, entre outros, os seguintes aspectos, conforme art. 23 da Lei:

> Art. 23. A entidade reguladora, observadas as diretrizes determinadas pela ANA, editará normas relativas às dimensões

técnica, econômica e social de prestação dos serviços públicos de saneamento básico, que abrangerão, pelo menos, os seguintes aspectos:

I – padrões e indicadores de qualidade da prestação dos serviços;

II – requisitos operacionais e de manutenção dos sistemas;

III – as metas progressivas de expansão e de qualidade dos serviços e os respectivos prazos;

IV – regime, estrutura e níveis tarifários, bem como os procedimentos e prazos de sua fixação, reajuste e revisão;

V – medição, faturamento e cobrança de serviços;

VI – monitoramento dos custos;

VII – avaliação da eficiência e eficácia dos serviços prestados;

VIII – plano de contas e mecanismos de informação, auditoria e certificação;

IX – subsídios tarifários e não tarifários;

X – padrões de atendimento ao público e mecanismos de participação e informação;

XI – medidas de segurança, de contingência e de emergência, inclusive quanto a racionamento;

XII – Vetado;

XIII – procedimentos de fiscalização e de aplicação de sanções previstas nos instrumentos contratuais e na legislação do titular; e

XIV - diretrizes para a redução progressiva e controle das perdas de água.

9. CONTRATO DE CONCESSÃO

9.1. Obrigação de licitação e proibição de contratos de natureza precária

A prestação dos serviços públicos de saneamento básico por entidade que não integre a administração do titular depende da celebração de contrato de concessão, mediante prévia licitação, nos termos do art. 175 da Constituição Federal, vedada a sua disciplina mediante contrato de programa, convênio, termo de parceria ou outros instrumentos de natureza precária (art. 10 da Lei n. 11.445/2007, com a redação da Lei 14.026/2020).

Duas ideias a reter: primeira, se os serviços públicos de saneamento básico não forem executados por entidade que integre a administração (Município ou Estados, com Municípios coligados), a prestação dos serviços depende de contrato de concessão, com prévia licitação; a segunda ideia enumera contratos, que, por ter natureza precária, não podem ser celebrados, sendo estes: contrato de programa, convênio e termo de parceria. Além desses contratos textualmente nominados, outros que tenham também natureza precária estão proibidos.

9.2. Condições de validade prévias à celebração do contrato de concessão de prestação de serviços públicos de saneamento básico

Examino essas condições prévias constantes do artigo 11 e depois será analisado o conteúdo do contrato do artigo 10. A concessão da prestação de serviços públicos de saneamento básico para empresas privadas não significa a privatização do serviço público. O serviço de saneamento básico continuará a ser regido pelas regras de direito público, ainda que se preveja a utilização de arbitragem (art. 10-A, § 1º).

Conforme art. 11 da Lei n. 11.445/2007:

> Art. 11. São condições de validade dos contratos que tenham por objeto a prestação de serviços públicos de saneamento básico:
>
> I – a existência de plano de saneamento básico;
>
> II – a existência de estudo que comprove a viabilidade técnica e econômico-financeira da prestação dos serviços, nos termos estabelecidos no respectivo plano de saneamento básico; (redação dada pela Lei 14.026/2020)
>
> III – a existência de normas de regulação que prevejam os meios para o cumprimento das diretrizes desta Lei, incluindo a designação da entidade de regulação e de fiscalização;
>
> IV – a realização prévia de audiência e de consulta públicas sobre o edital de licitação, no caso de concessão, e sobre a minuta do contrato;
>
> V – a existência de metas e cronograma de universalização dos serviços de saneamento básico. (incluído pela Lei 14.026/2020)

9.2.1. Plano de saneamento básico

O conteúdo desse plano foi objeto do item 7.

9.2.2. *Estudo que comprove a viabilidade técnica e econômico-financeira*

É um ônus do futuro concessionário elaborar esse estudo. É razoável que quem pretenda distribuir a água, fazer o esgotamento sanitário, coletar e tratar rejeitos, cuidar da limpeza urbana e drenar as águas pluviais urbanas, tem que provar sua sanidade financeira e a possibilidade técnica de que os serviços sejam executados. O Poder Público não tem o direito de entrar numa aventura de contratar uma empresa doente financeiramente ou carente de cultura técnica.

9.2.3. *Normas de regulação*

As normas de regulação devem prever os meios para a observância das diretrizes constantes na Lei. Dentre essas diretrizes, exige-se que se indique qual a entidade de regulação e de fiscalização.

9.2.4. *Prévia audiência pública e consulta pública em dois momentos: edital de licitação e minuta do contrato*

A Lei procurou colocar em prática o princípio da transparência e o princípio da participação em dois momentos administrativos relativos aos serviços públicos de saneamento básico: antes da licitação, na elaboração do próprio edital da licitação, e antes da lavratura do contrato com o vencedor da licitação, no exame da minuta do contrato.

No texto da Lei consta "a realização prévia de audiência e de consulta públicas" (art. 11, IV). A audiência é pública e prévia; a consulta é pública e prévia. A consulta pode ser feita através de contato direto com o público consultado, mas a audiência exige um local em que as pessoas possam estar presentes, para participarem ao mesmo tempo e conjuntamente do evento, com manifestações verbais e audiovisuais.

Não basta dar chance a manifestações do público interessado ou dos usuários. A administração tem a obrigação de responder às observações apresentadas, caso contrário, as pessoas e usuários falaram ao vento. A transparência visa à eficiência e à moralidade públicas e não pode ser simplesmente aparente ou uma propaganda pessoal.

9.2.5. Metas e cronograma de universalização dos serviços de saneamento básico

A universalização dos serviços de saneamento básico é o maior desafio da política pública de saneamento básico, pois sua finalidade é levar a todos a água, o esgotamento sanitário, a coleta e o tratamento dos rejeitos sólidos. São as metas gerais que devem ser mensuradas para determinado território ou área (art. 11, § 2º, I): um quarteirão, uma zona, um bairro ou uma cidade. O cronograma a ser apresentado deverá estar relacionado com a capacidade econômico-financeira da prestação de serviço (v. capítulo 10. Universalização dos Serviços Públicos de Saneamento Básico).

9.3. Normas de regulação nos contratos de concessão

O artigo 11 em exame, em seu § 2º, determina que as normas de regulação deverão prever:

> Art. 11, § 2º. Nos casos de serviços prestados mediante contratos de concessão ou de programa, as normas previstas no inciso III do caput deste artigo deverão prever:
>
> I – a autorização para a contratação dos serviços, indicando os respectivos prazos e a área a ser atendida;

II – a inclusão, no contrato, das metas progressivas e graduais de expansão dos serviços, de redução progressiva e controle de perdas na distribuição de água tratada, de qualidade, de eficiência e de uso racional da água, da energia e de outros recursos naturais, em conformidade com os serviços a serem prestados e com o respectivo plano de saneamento básico;

III – as prioridades de ação, compatíveis com as metas estabelecidas;

IV – as condições de sustentabilidade e equilíbrio econômico-financeiro da prestação dos serviços, em regime de eficiência, incluindo:

a) o sistema de cobrança e a composição de taxas e tarifas;

b) a sistemática de reajustes e de revisões de taxas e tarifas;

c) a política de subsídios;

V – mecanismos de controle social nas atividades de planejamento, regulação e fiscalização dos serviços;

VI – as hipóteses de intervenção e de retomada dos serviços.

9.3.1 Autorização para a contratação dos serviços

Para celebrar o contrato de concessão já deve existir a entidade responsável pela regulação e fiscalização da prestação dos serviços públicos de saneamento básico, conforme o artigo 9º, II da Lei. E a essa entidade (que poderá ser uma autarquia) caberá autorizar a contratação dos serviços, através do procedimento de licitação, indicando os prazos e a área a ser atendida.

> Art. 23, § 1º A regulação da prestação dos serviços públicos de saneamento básico poderá ser delegada pelos titulares a qualquer entidade reguladora, e o ato de delegação explicitará a forma de atuação e a abrangência das atividades a serem desempenhadas pelas partes envolvidas.

9.3.2. Prioridades de ação, compatíveis com as metas estabelecidas

A escolha das prioridades não é uma tarefa deixada ao capricho dos reguladores da prestação do serviço. As prioridades devem estar situadas somente entre as metas já estabelecidas, sendo que essas metas foram escolhidas conforme a lei expressamente prevê.

9.3.3. Condições de sustentabilidade e equilíbrio econômico-financeiro da prestação dos serviços

O termo "sustentabilidade" passou a ser usado em vários sentidos. Um dos significados aponta para a durabilidade das ações, isto é, ações cujos efeitos não são efêmeros ou de pouca duração. A Lei prevê nesse inciso, em três alíneas, o esqueleto de sustentação da vida financeira do prestador de serviço ou da empresa concessionária: a) o sistema de cobrança e a composição de taxas e tarifas; b) a sistemática de reajustes e de revisões de taxas e tarifas; c) a política de subsídios.

Na prática isso quer dizer o que a empresa pretende ganhar e quanto os usuários devem pagar. Não se viu, até agora, a obrigação de gratuidade para os hipossuficientes para o acesso a água para as suas necessidades vitais. O poder público deve "assegurar a manutenção do equilíbrio econômico financeiro, aumentando a tarifa ou compensando pecuniariamente o concessionário"[1].

A Lei coloca a eficiência como princípio diretriz de todas as situações, devendo-se refletir que a eficiência deve garantir ótimos resultados para os usuários e para os prestadores dos serviços públicos.

---

1. Maria Sylvia Zanella di Pietro. *Direito Administrativo*. 28ª ed. São Paulo: Atlas, p.342, 2015.

9.3.4. *Mecanismos de controle social nas atividades de planejamento, regulação e fiscalização dos serviços*

A Lei sabiamente faz inúmeras referências ao controle social. É preciso que em cada circunstância e em cada procedimento estejam presentes a informação e a participação para o sucesso dessa prestação de serviço público de saneamento. Dessa forma, o controle social deve atuar na fase de escolha de metas e de prioridades (planejamento), na fase de fixação de tarifas e numa possível fase de revisão de tarifas (regulação), e na fase de fiscalização do cumprimento das metas, principalmente da universalização dos serviços.

Acentue-se a previsão do artigo 11, § 3º da Lei n. 11.445/2007:

> Art. 11. § 3º Os contratos não poderão conter cláusulas que prejudiquem as atividades de regulação e de fiscalização ou o acesso às informações sobre os serviços contratados.

9.4. O contrato de concessão mediante prévia licitação

> Art. 10. A prestação dos serviços públicos de saneamento básico por entidade que não integre a administração do titular depende da celebração de contrato de concessão, mediante prévia licitação, nos termos do art. 175 da Constituição Federal, vedada a sua disciplina mediante contrato de programa, convênio, termo de parceria ou outros instrumentos de natureza precária.

9.5. Cláusulas essenciais dos contratos de prestação dos serviços públicos de saneamento básico

> Art. 10-A. Os contratos relativos à prestação dos serviços públicos de saneamento básico deverão conter, expressamente, sob pena de nulidade, as cláusulas essenciais previstas no art. 23 da Lei nº 8.987, de 13 de fevereiro de 1995 (...)

Conforme o art. 23 da Lei 8.987/1995, que dispõe sobre o regime de concessão e de prestação de serviços públicos previsto no art. 175 da Constituição Federal, são cláusulas essenciais do contrato de concessão as relativas: I – ao objeto, à área e ao prazo da concessão; II – ao modo, forma e condições de prestação do serviço; III – aos critérios, indicadores, fórmulas e parâmetros definidores da qualidade do serviço; IV – ao preço do serviço e aos critérios e procedimentos para o reajuste e a revisão das tarifas; V – aos direitos, garantias e obrigações do poder concedente e da concessionária, inclusive os relacionados às previsíveis necessidades de futura alteração e expansão do serviço e consequente modernização, aperfeiçoamento e ampliação dos equipamentos e das instalações; VI – aos direitos e deveres dos usuários para obtenção e utilização do serviço; VII – à forma de fiscalização das instalações, dos equipamentos, dos métodos e práticas de execução do serviço, bem como a indicação dos órgãos competentes para exercê-la; VIII – às penalidades contratuais e administrativas a que se sujeita a concessionária e sua forma de aplicação; IX – aos casos de extinção da concessão; X – aos bens reversíveis; XI – aos critérios para o cálculo e a forma de pagamento das indenizações devidas à concessionária, quando for o caso; XII – às condições para prorrogação do contrato; XIII – à obrigatoriedade, forma e periodicidade da prestação de contas da concessionária ao poder concedente; XIV – à exigência da publicação de demonstrações financeiras periódicas da concessionária; e XV – ao foro e ao modo amigável de solução das divergências contratuais.

9.6. Cláusulas especiais do contrato de concessão dos serviços públicos de saneamento básico – art. 10-A da Lei n. 11.445/2007

9.6.1 Metas

A Lei determina que, pelo menos, sete metas sejam inseridas nos contratos: de expansão dos serviços, de redução de perdas na distribuição de água tratada, de qualidade na prestação dos serviços, de eficiência e de uso racional da água, da energia e de outros recursos naturais, do reúso de efluentes sanitários e do aproveitamento de águas de chuva, em conformidade com os serviços a serem prestados (art. 10-A, I). É importante que essas metas sejam bem expressas nos contratos, não ficando ao sabor das conveniências do momento. Se não forem objeto de inserção no contrato, deverá haver a devida motivação, sob pena de nulidade.

9.6.2. Fontes de receitas alternativas

A Lei quer que sejam procuradas possíveis fontes de receitas alternativas, complementares ou acessórias, bem como as provenientes de projetos associados, incluindo, entre outras, a alienação e o uso de efluentes sanitários para a produção de água de reúso, com possibilidade de as receitas serem compartilhadas entre o contratante e o contratado, caso aplicável (art. 10-A, II). A Lei abre um caminho: alienação e uso de efluentes sanitários para a produção de água de reúso, mas esse caminho precisa ser, em cada caso, objeto de autorização para se averiguar a sua sanidade ou a ausência de nocividade da água de reuso, mesmo que não se exija a potabilidade dessa água.

9.6.3. Metodologia de cálculo de eventual indenização

A Lei determina que haja a previsão de metodologia de cálculo de eventual indenização relativa aos bens reversíveis não amortizados por ocasião da extinção do contrato (art.

10-A, III). Para que não haja fraude, é necessário acompanhar fielmente o emprego dos bens em cada contrato, para que se tenha fundamento para o cálculo de eventual indenização.

9.6.4. Repartição de risco entre as partes

Deve estar prevista a repartição de riscos entre as partes, incluindo os referentes a caso fortuito, força maior, fato do príncipe e álea econômica extraordinária (art. 10-A, IV). O risco é a probabilidade incerta de danos. Parece-me controvertido que se obrigue a repartição de riscos entre o concessionário e o poder público, sem que haja prova de que este último tenha contribuído para a criação dos riscos.

10. UNIVERSALIZAÇÃO DOS SERVIÇOS PÚBLICOS DE SANEAMENTO BÁSICO

10.1. Extensão e temporalidade da universalização

> Art. 11-B. Os contratos de prestação dos serviços públicos de saneamento básico deverão definir metas de universalização que garantam o atendimento de 99% (noventa e nove por cento) da população com água potável e de 90% (noventa por cento) da população com coleta e tratamento de esgotos até 31 de dezembro de 2033, assim como metas quantitativas de não intermitência do abastecimento, de redução de perdas e de melhoria dos processos de tratamento.

A Lei, no artigo referido, não especifica qual a área em que os serviços públicos serão implantados, indicando somente o percentual da população que deverá ser atendida. Essa população pode estar morando em residências ou em apartamentos, unifamiliares ou plurifamiliares. É fixado o tempo de realização desses dois serviços públicos – distribuição de água e de esgotos – com o prazo até 31 de dezembro de 2033.

A Lei poderia ter sido precisa em relação à dimensão do espaço territorial da universalização. Não o fazendo, a ideia de "universalização" fica mal aplicada, pois imagine-se que, sem motivação razoável, se eleja somente um bairro mais capacitado financeiramente para arcar com "a cobrança dos serviços" e se retarde a implantação em bairro vizinho e de menor renda.

Diante da questão exposta no período anterior, é de trazer-se o conceito da "progressividade" do planejamento desses serviços públicos (art. 19, II), uma vez que nem sempre esses serviços poderão ser realizados ao mesmo tempo e em todos os setores de uma cidade. A universalização dos serviços públicos deve avançar, não estacionando, nem regredindo.

O artigo 11-B é mais amplo no sentido de apontar outros objetivos a serem buscados no mesmo espaço e para a mesma população: determina que sejam fixadas metas quantitativas de não intermitência do abastecimento, de redução de perdas e de melhoria dos processos de tratamento. São metas de melhoria da qualidade da prestação do serviço, inclusive evitando-se o desperdício da água.

10.2. Fiscalização da universalização

10.2.1. Introdução

Incumbe à entidade reguladora e fiscalizadora dos serviços a verificação do cumprimento dos planos de saneamento por parte dos prestadores de serviços, na forma das disposições legais, regulamentares e contratuais (art. 20, parágrafo único da Lei).

No capítulo V, "Da Regulação", no artigo 21, consta que a função de regulação, desempenhada por entidade de natureza autárquica dotada de independência decisória e autonomia administrativa, orçamentária e financeira, atenderá aos princípios de transparência, tecnicidade, celeridade e objetividade das decisões.

A Lei usa a expressão "entidade reguladora" (art. 23, § 1º), que tem um sentido genérico e no art. 23, §1º-A e § 1º-B fala especificamente "agência reguladora". "As agências vêm sendo dotadas de alguma 'independência' que a legislação menciona ser característica importante de várias delas. Cito opinião divergente quanto ao uso da palavra 'Independência', dizendo ser 'uma expressão certamente exagerada'. No mundo jurídico, preferimos falar em *autonomia*" [1].

A exigência de que a entidade reguladora tenha o regime jurídico de autarquia só deve valer na área federal, pela razão de que a Lei 14.026/2020, é uma norma geral e, como tal, não pode definir a estrutura jurídica dos órgãos dos Estados e dos Municípios, conforme o princípio da autonomia federativa (artigo 18 da CF).

No artigo 23, inciso XIII, da Lei n. 11.445/2007, é indicado que a entidade reguladora editará normas abrangendo: "procedimentos de fiscalização e de aplicação de sanções previstas nos instrumentos contratuais e na legislação do titular".

Os usuários e a população podem e devem informar-se sobre a execução dos contratos relativos à prestação dos serviços públicos de saneamento básico. Os prestadores dos serviços – as concessionárias – devem estar abertos à recepção das reclamações e devem responder às queixas. Contudo, se

1. Carlos Ari Sundfeld. *Direito Administrativo Econômico.* 1ª ed. 3ª tiragem. São Paulo: Malheiros Editores, p. 23-24, 2006.

as respostas não forem convincentes e adequadas, as entidades fiscalizadoras devem intervir, como manda o art. 23, § 3º da Lei: "As entidades fiscalizadoras deverão receber e se manifestar conclusivamente sobre as reclamações que, a juízo do interessado, não tenham sido suficientemente atendidas pelos prestadores dos serviços".

Houve um inegável cuidado do legislador em promover o controle social da prestação adequada dos serviços públicos. A população e os usuários dos serviços têm várias formas de participar no sentido de que a Lei seja bem executada, mas eles não têm, salvo melhor juízo, o poder de sancionar a concessionária, ainda que as associações de usuários possam intentar a ação civil pública e os usuários possam promover individualmente a ação popular. Contudo, a entidade reguladora e o titular dos serviços públicos não podem deixar de fiscalizar o cumprimento integral dos contratos. Em tese, configura-se o crime de prevaricação, a ausência da ação fiscalizadora do poder público.

10.2.2. Enfraquecimento da obrigação de fiscalizar e a possível inconstitucionalidade de parte do § 5º do art. 11-B

Determina o art. 11-B, em seu § 5º:

> Art. 11-B, § 5º. O cumprimento das metas de universalização e não intermitência do abastecimento, de redução de perdas e de melhoria dos processos de tratamento deverá ser verificado anualmente pela agência reguladora, observando-se um intervalo dos últimos 5 (cinco) anos, nos quais as metas deverão ter sido cumpridas em, pelo menos, 3 (três), e a primeira fiscalização deverá ser realizada apenas ao término do quinto ano de vigência do contrato.

Vê-se no parágrafo comentado que se trata da verificação do cumprimento das metas de universalização, da não intermitência do abastecimento, da redução de perdas e da melhora dos processos de tratamento. Há clara determinação de que a agência reguladora faça uma verificação anual, o que é o mínimo que se pode fazer, parecendo ser mais eficiente se houvesse uma verificação semestral. Acentue-se que a Lei 8.987/1995 – dispondo sobre o regime de concessão sobre a prestação de serviços públicos – determina no art. 29, inciso I, parte final, que "incumbe ao poder concedente (...) fiscalizar permanentemente a sua prestação", mostrando uma linha de atuação a ser seguida, sem interrupção, pelo Poder Público.

Na segunda parte do § 5° do artigo 11-B está dito: "observando-se um intervalo de 5 (cinco) anos nos quais as metas deverão ter sido cumpridas em, pelo menos, 3 (três), e a primeira fiscalização deverá ser realizada apenas ao término do quinto ano de vigência do contrato". Essa parte do texto legal é inacreditável, tal a sua ineficiência e imoralidade, pois no intervalo de cinco anos a verificação no término do quinto ano! É de ser invocado o art. 37, § 3º da Constituição que fala das formas de participação dos usuários, sendo que no inciso I determina "asseguradas a manutenção de serviços de atendimento ao usuário e *avaliação periódica,* externa e interna, da qualidade dos serviços". Avaliar só no quinto ano do contrato não é avaliar periodicamente!

Deixar-se transcorrer mais de quatro anos sem fiscalização é aceitar que a população possa não ser servida com água em quantidade e qualidade devidas e omitir-se sobre a construção e funcionamento dos esgotos sanitários, podendo acarretar epidemias. Difícil compreender o motivo da inserção desse parágrafo ou da parte final do § 5º do artigo 11-B que deixa sem a devida fiscalização, omitindo-se o Poder Público em constatar o que de bom foi realizado ou também o que tenha sido feito inadequadamente.

O enfraquecimento da fiscalização é uma violação frontal do artigo 37 da Constituição, no qual se afirma a necessidade de cumprirem-se os princípios de moralidade e de eficiência, dentre outros princípios enunciados. Propugno pela oportuna propositura de ação de inconstitucionalidade dessa parte da Lei.

10.2.3. As metas e o Município

O artigo 11-B, § 6º, da Lei prevê a aplicação das metas previstas no âmbito do Município, inclusive as metas de universalização, "quando exercida a titularidade de maneira independente". Essa expressão é de ser compreendida como a atuação isolada de um Município, que não faz parte de uma instituição regionalizada.

10.2.4. Não atingimento das metas de universalização

No caso de não atingimento das metas, nas hipóteses do art.11-B, deverá ser iniciado procedimento administrativo pela agência reguladora com "objetivo de avaliar as ações a serem adotadas, incluídas medidas sancionatórias, com eventual declaração de caducidade da concessão, assegurado o direito à ampla defesa" (art. 11-B, § 7º).

10.2.5. Estudos para licitação e inviabilidade da universalização

> Art. 11-B, § 9º. Quando os estudos para a licitação da prestação regionalizada apontarem para a inviabilidade econômico-financeira da universalização na data referida no *caput* deste artigo, mesmo após o agrupamento de Municípios de diferentes portes, fica permitida a dilação do prazo, desde que não ultrapasse 1º de janeiro de 2040 e haja anuência prévia da agência reguladora, que, em sua análise, deverá observar o princípio da modicidade tarifária.

O texto em análise aplica-se em duas hipóteses: quando haja a prestação regionalizada dos serviços públicos e, antes da licitação, constate-se a inviabilidade econômico-financeira da universalização até 31 dezembro de 2033. O referido § 9º irá permitir que se estenda o prazo por seis anos – 1º de janeiro de 2040. Essa dilação temporal é dada para que a universalização dos serviços públicos de abastecimento de água potável e de coleta e tratamento de esgotos seja realizada. Essa procrastinação do prazo só será possível com a autorização da agência reguladora.

11. ASPECTOS FINANCEIROS DO CONTRATO DE CONCESSÃO DE SERVIÇOS PÚBLICO DE SANEAMENTO BÁSICO

11.1. Remuneração pela cobrança dos serviços

Pedir, ou ter por base os subsídios ou as subvenções, deve constituir uma exceção (art. 29), pois os serviços públicos de saneamento básico terão a sustentabilidade econômica alicerçada na cobrança dos serviços.

A Lei declara que o abastecimento de água e de esgotamento sanitário, a limpeza urbana e o manejo de resíduos sólidos, a drenagem e o manejo de águas pluviais urbanas serão pagos através de taxas, tarifas e outros preços públicos, em conformidade com o regime de prestação do serviço ou das suas atividades.

11.2. Diretrizes para a instituição das tarifas, preços públicos e taxas para serviços de saneamento básico

A Lei enumera oito diretrizes: prioridade para atendimento das funções essenciais relacionadas à saúde pública;

ampliação do acesso dos cidadãos e localidades de baixa renda aos serviços; geração dos recursos necessários para realização dos investimentos, objetivando o cumprimento das metas e objetivos do serviço; inibição do consumo supérfluo e do desperdício de recursos; recuperação dos custos incorridos na prestação do serviço, em regime de eficiência; remuneração adequada do capital investido pelos prestadores dos serviços; estímulo ao uso de tecnologias modernas e eficientes, compatíveis com os níveis exigidos de qualidade, continuidade e segurança na prestação dos serviços; incentivo à eficiência dos prestadores dos serviços; incentivo à eficiência dos prestadores de serviços.

As diretrizes estão expostas no art. 29, § 1º, da Lei, tendo sido redigidas com clareza. Ressalto duas diretrizes de caráter sanitário e social: prioridade para as funções essenciais relacionadas à saúde pública; ampliação do acesso dos cidadãos e localidades de baixa renda.

Nas duas diretrizes tipicamente financeiras, vejo a necessidade de haver bastante diálogo com os usuários para que se possa chegar a tarifas justas. São essas diretrizes: "recuperação dos custos incorridos na prestação do serviço, em regime de eficiência" (art. 29, § 1º, V) e "remuneração adequada do capital investido pelos prestadores dos serviços" (art. 29, § 1º, VI). Essas duas diretrizes constituem, a meu ver, um conjunto crucial, que define a situação de equilíbrio econômico-financeiro do contrato. Nunca é demais insistir que a legislação deve proporcionar meios de prevenção para que a moralidade e a finalidade dos contratos sejam mantidas, evitando que prestadores de serviço desonestos e gananciosos ou maus usuários deturpem a prestação dos serviços públicos de saneamento básico.

11.3. Incapacidade de pagamento do custo dos serviços de saneamento básico

> Art. 29, § 2º. Poderão ser adotados subsídios tarifários e não tarifários para os usuários que não tenham capacidade de pagamento suficiente para cobrir o custo integral dos serviços.

Na estrutura de remuneração e de cobrança dos serviços públicos de saneamento básico será considerado o fator "capacidade de pagamento dos consumidores" (art. 30, VI da Lei).

Os subsídios destinados ao atendimento de usuários determinados de baixa renda, dependendo da origem dos recursos, podem ser: (o inciso I foi revogado); II. tarifários, quando integrarem a estrutura tarifária ou fiscais, quando decorrerem da alocação de recursos orçamentários, inclusive por meio de subvenções; III. Internos a cada titular ou entre titulares, nas hipóteses de prestação regionalizada.

Subsídios "são instrumentos econômicos de política social que contribuem para a universalização do acesso aos serviços públicos de saneamento básico por parte de populações de baixa renda" (art. 3º, VII). Os subsídios são instrumentos econômicos que contribuem para a universalização do acesso dos usuários, que não tenham capacidade de pagamento do custo integral dos serviços.

A utilização do vocábulo "poderão", no art. 29, §2º da Lei, não foi feliz, porque pode induzir a uma equivocada interpretação que o concessionário ou a agência reguladora possam, com relação aos incapazes de pagar, negar o acesso dos mesmos aos serviços públicos de saneamento existentes e em funcionamento.

No momento da montagem das tarifas de um determinado contrato, se os serviços públicos de distribuição de água e de esgotamento sanitário forem servir somente a população de baixa renda, a alocação de recursos orçamentários, por meio de subvenções (art. 31, II) deverá ser prevista.

> Entende-se que os serviços públicos que possuem um caráter de essencialidade devem ser disponibilizados nestes casos, a partir de uma política tarifária que observe a capacidade de contribuição do usuário ao sistema. Tal contexto impõe um desafio financeiro ao administrador público, que precisa identificar fontes alternativas de custeio para suprir o déficit gerado, apresentando-se, basicamente, duas opções para compensá-lo: (i) a constituição de mecanismo de subsídio cruzado tarifário, pelo qual se imputa aos demais usuários a responsabilidade financeira pela parcela não cobrada dos beneficiários diretos, ou (ii) a instituição de subsídio fiscal, por meio da qual a necessidade adicional de recursos é suportada pelo universo de contribuintes[1].

11.4. Revisões e reajustes das tarifas dos serviços públicos de saneamento básico

As revisões tarifárias compreenderão a reavaliação das condições da prestação dos serviços e das tarifas praticadas (art. 38, *caput*). Ressalte-se que a revisão tarifária visa efetuar duas reavaliações: reavaliação das condições da prestação dos serviços e reavaliação das tarifas praticadas.

11.4.1. Formas da revisão tarifária

Podem ser periódicas e extraordinárias.

Revisões periódicas objetivam a distribuição dos ganhos de produtividade com os usuários e a reavaliação das condições de mercado (art. 38, I, da Lei).

---

1. Antônio Fernando da Fonseca Martins. Inconsistências da política do subsídio cruzado. https://jus.com.br/artigos/73498/inconsistencias-da-politica-de-subsidio-cruzado. **Publicado em** abril de.**2019. Acesso em 18.09.2020.**

Revisões extraordinárias podem ocorrer se for verificada a ocorrência de fatos não previstos no contrato, fora do controle do prestador dos serviços, que alterem o seu equilíbrio econômico-financeiro (art. 38, II, da Lei).

11.4.2. Revisão tarifária: convocação e entidades participantes

As revisões tarifárias terão suas pautas ou sua ordem do dia definidas pelas entidades reguladoras. Os titulares, os usuários e os prestadores dos serviços, conforme, o art. 38, § 1º, serão "ouvidos". Entendo que a audiência desses três entes é essencial e equivale a uma oportunidade para que haja a manifestação de suas opiniões.

Poderão ser estabelecidos mecanismos tarifários de indução à eficiência, inclusive fatores de produtividade, assim como de antecipação de metas de expansão e qualidade dos serviços. Os fatores de produtividade poderão ser estabelecidos como mecanismos tarifários de indução à eficiência, (art. 38, §§ 2º e 3º).

11.4.3. Repasse de custos e encargos tributários

Preceitua o art. 38, § 4º, da Lei n. 11.445/2007: "A entidade de regulação poderá autorizar o prestador de serviços a repassar aos usuários custos e encargos tributários não previstos originalmente e por ele não administrados, nos termos da Lei nº 8.987, de 13 de fevereiro de 1995". Diz a Lei n. 8.987/1995, no art. 9º, § 3º, que "ressalvados os impostos sobre a renda, a criação, alteração ou extinção de quaisquer tributos ou encargos legais, após a apresentação da proposta, quando comprovado seu impacto, implicará a revisão da tarifa, para mais ou para menos, conforme o caso".

Deve-se atentar, para que não paire dúvida, que o repasse aos usuários seja somente dos custos tributários e dos encargos tributários. Não se autoriza o repasse de outros custos, que não sejam tributários, mesmo que sejam comprovados.

11.5. Gratuidade da conexão à rede de esgotamento sanitário

As famílias de baixa renda poderão gozar da gratuidade da conexão à rede de esgotamento sanitário do edifício que ocuparem, mesmo nos contratos de concessão. Diante da gratuidade expressamente apontada deverá ser analisada, quando couber, o reequilíbrio econômico dos contratos (art. 45, § 8º). O equilíbrio econômico dos contratos tem apoio no art. 37, inciso XI, da Constituição, no qual está afirmado que os contratos serão feitos pelo processo de licitação pública, com cláusulas que estabeleçam obrigações de pagamento, mantidas as condições efetivas da proposta.

Caberá ao titular dos serviços públicos de saneamento básico – o Município ou o Estado em associação com Municípios – regulamentar os critérios para enquadramento das famílias de baixa renda, consideradas as peculiaridades locais e regionais (art. 45, § 9º).

12. FUNDOS DE CUSTEIO DA UNIVERSALIZAÇÃO DOS SERVIÇOS PÚBLICOS DE SANEAMENTO BÁSICO

Os entes da Federação, isoladamente ou reunidos em consórcios públicos, poderão instituir fundos, com a finalidade de custear a universalização dos serviços públicos de saneamento, na conformidade dos respectivos planos de saneamento básico (art. 13 da Lei).

Os recursos desses fundos poderão ser utilizados como fontes ou garantia em operações de crédito para financiamento dos investimentos necessários à universalização dos referidos serviços públicos de saneamento básico (art. 13, parágrafo único da Lei).

13. DA INTERRUPÇÃO DOS SERVIÇOS PÚBLICOS DE SANEAMENTO BÁSICO

Os serviços poderão ser interrompidos pelo prestador nas seguintes hipóteses: I – situações de emergência que atinjam a segurança de pessoas e bens; II – necessidade de efetuar reparos, modificações ou melhorias de qualquer natureza nos sistemas, respeitados os padrões de qualidade e continuidade estabelecidos pela regulação do serviço; III – negativa do usuário em permitir a instalação de dispositivo de leitura de água consumida, após ter sido previamente notificado a respeito; IV – manipulação indevida de qualquer tubulação, medidor ou outra instalação do prestador, por parte do usuário; e V – inadimplemento, pelo usuário do serviço de abastecimento de água ou de esgotamento sanitário, do pagamento das tarifas, após ter sido formalmente notificado, de forma que, em caso de coleta, afastamento e tratamento de esgoto, a interrupção dos serviços deverá preservar as condições mínimas de manutenção da saúde dos usuários, de acordo com norma de regulação ou norma do órgão de política ambiental (art. 40).

Analisando as cinco hipóteses em que o prestador de serviço pode interromper os serviços públicos de saneamento básico vemos que as duas primeiras hipóteses têm relação com situações de emergência e com a necessidade de reparos, modificações ou melhoria. As três últimas hipóteses dizem respeito à relação de prestador de serviço-usuário.

A hipótese contida no inciso V, em caso de inadimplemento do usuário, trata de interrupção de serviços na coleta, afastamento e tratamento de esgotos ou do serviço de abastecimento de água, devendo haver a preservação de "condições mínimas de manutenção da saúde dos usuários, de acordo com norma de regulação ou norma do órgão de política ambiental". Esta norma legal, portanto, não está completa, enquanto não houver uma norma, que preserve as condições mínimas de manutenção da saúde dos usuários, vinda do órgão regulador ou do órgão ambiental, conforme o próprio art. 40, V, acima referido, da Lei 11.445/2017, com a redação da Lei 14.026/2020. Essa proteção do usuário passou, também, a constar da Lei 13.460/2017, com a alteração dada pela Lei 14.015/2020.

O § 1º do art. 40 determina que o prestador de serviço comunique previamente ao órgão regulador e aos usuários a interrupção programada, sendo que a suspensão dos serviços prevista nos incisos III e V será precedida de aviso prévio ao usuário, não inferior a trinta dias. A lei 13.460/2017 atribui ao usuário do serviço público o direito da comunicação prévia da suspensão do serviço (art. 6º, VII).

O emprego das hipóteses do artigo 40 da Lei deve levar o órgão regulador, o titular dos serviços públicos (Município ou Estado e Municípios coligados) e, sobretudo, o Poder Judiciário, a agir com muita prudência, pois não se instituiu um procedimento contraditório, facultando-se defesa do usuário, com relação às hipóteses dos incisos III, IV e V. Além disso, a interrupção ou a restrição do fornecimento de água, por inadimplência, a estabelecimentos educacionais e de saúde, entre outros, não deve ficar ao arbítrio exclusivo da empresa concessionária prestadora de serviço (art.40, § 3º). Há de ser constantemente lembrado que os serviços públicos de saneamento básico regem-se pelo princípio da continuidade, devendo a interrupção desses serviços somente ocorrer com fundamento na razoabilidade e na equidade.

14. ASPECTOS AMBIENTAIS E TÉCNICOS DO SANEAMENTO BÁSICO

14.1. Requisitos mínimos dos serviços públicos de saneamento básico

A prestação dos serviços atenderá a requisitos mínimos de qualidade, incluindo a regularidade, a continuidade e aqueles relativos aos produtos oferecidos, ao atendimento dos usuários e às condições operacionais e de manutenção dos sistemas, de acordo com as normas regulamentares e contratuais (art. 43 da Lei).

A Lei determina que os serviços públicos de saneamento básico obedeçam a quatro fatores: requisitos mínimos de qualidade, requisitos mínimos relativos aos produtos oferecidos, requisitos mínimos no atendimento aos usuários e requisitos mínimos das condições operacionais e de manutenção dos sistemas. Nos requisitos mínimos de qualidade estão expressamente incluídos a regularidade e a continuidade.

14.2. A potabilidade da água e a competência da união

"A União definirá parâmetros mínimos de potabilidade da água" (art. 43, § 1º). À União cabe legislar sobre "águas", conforme art. 22, IV, da Constituição.

"Água potável é definida como a água para consumo humano cujos parâmetros microbiológicos, físicos, químicos e radioativos atendam ao padrão de potabilidade e que não ofereça riscos à saúde"[1].

> Em matéria de água a competência privativa (art. 22, CF) e a competência concorrente (art. 24, CF) cruzam-se e permanecem entrelaçadas. Os Estados podem estabelecer, de forma suplementar à competência da União, as normas de emissão dos efluentes lançados nos cursos de água, visando controlar a poluição e a defender os recursos naturais (art. 24, VI, CF), mas dependem do que dispuser a lei federal. À qual cabe definir os padrões de qualidade das águas e os critérios de classificação das águas de rios, lagos e lagoas[2].

14.3. Licenciamento ambiental de serviços públicos de saneamento ambiental: a diferença de padrões para os bairros populares e resiliência

O licenciamento ambiental, conforme previsão do art. 44, da Lei n. 11.445/2007, atinge aqui as unidades de tratamento de esgotos sanitários, os efluentes gerados nos processos de tratamento de águas e as instalações integrantes dos serviços públicos de manejo de resíduos sólidos.

É intenção do art. 44 da Lei que os padrões estabelecidos pela legislação ambiental sejam alcançados progressivamente.

---

1. Portaria nº 1.468, de 29 de dezembro de 2000, do Ministro da Saúde.
2. Paulo Affonso Leme Machado. *Recursos Hídricos – Direito Brasileiro e Internacional.* 1. ed. São Paulo: Malheiros Editores, p. 20, 2002.

Expressão semelhante "metas progressivas" consta do mesmo artigo, em seu § 2º. A progressividade é um posicionamento ambíguo, pois aumenta a discricionariedade da empresa concessionária. Nem o prestador de serviço (público ou privado), nem a agência reguladora, nem o titular do serviço público podem juridicamente diminuir as obrigações de controlar a poluição que pode apresentar risco para a sadia qualidade de vida (artigo 225, § 1º, inciso V, da CF).

É o momento também de enfrentar-se a questão do enfraquecimento das exigências no licenciamento ambiental face a "capacidade de pagamento das populações e usuários envolvidos". Acredito que os autores desse texto estejam revestidos de boas intenções. Mas há de ser apontado um engano nessa proposição, porque o direito à saúde é direito de todos diante do risco de doença (artigo 196, *caput*, da CF). Assim, não é admissível, diante do princípio da equidade, da justiça e da igualdade de todos perante a lei (art. 5º da CF), que a população de alta e média renda tenha exigências mais protetivas para os efluentes das unidades de tratamento de esgotos sanitários, gozando assim de menor risco de doença que as populações de baixa renda. Não ignoro as dificuldades de implementação de uma política eficaz de saneamento básico nos bairros populares, mas há de se formular um sistema tributário em que as classes mais abastadas possam contribuir para a melhoria da sanidade das populações carentes.

No art. 44, § 1º, consta: "A autoridade ambiental competente assegurará prioridade e estabelecerá procedimentos simplificados de licenciamento para as atividades a que se refere o *caput* deste artigo, em função do porte das unidades, dos impactos ambientais esperados e da resiliência de sua área de implantação". Como grande novidade está a inserção da "resiliência" a ser considerada. É de se serem trazidas ao texto explicações sobre esse termo: no sentido ecológico: "capacidade de um ecossistema, de uma espécie, a reencontrar o estado de equilíbrio, após um acontecimento excepcional"[3]. Em um dicionário mais antigo, está dito: "resiliência: 1. Ato de retorno de mola, elasticidade. 2. Ato de recuar (arma de fogo); coice. 3. Poder de recuperação. 4. Trabalho necessário para deformar um corpo até seu limite elástico"[4]. Procurei apresentar conceitos que mostram não ser a resiliência uma situação seguramente constatável, previamente, numa área territorial em que se situarão as operações a serem licenciadas.

---

3. *Le Robert ilustré 2020.* Paris: Dictionnaires Robert -SEJER, p. 1.671, 2019. (minha tradução).
4. Dicionário Brasileiro da Língua Portuguesa. São Paulo Mirador Internacional, p. 1.502, vol. 2, 1976.

15. INFORMAÇÃO E PARTICIPAÇÃO NO PLANEJAMENTO, REGULAÇÃO E EXECUÇÃO DOS SERVIÇOS PÚBLICOS DE SANEAMENTO BÁSICO

15.1. Legislação sobre informação e participação anterior à Lei n. 14.026/2020

A Lei comentada não trouxe total novidade sobre o tema. Felizmente, a Constituição de 1988 trata desses temas. O artigo 5º, inciso XXXIII, determina:

> Art. 5º (...)
>
> XXXIII – todos têm direito de receber dos órgãos públicos informações de seu interesse particular, ou de interesse coletivo ou geral, que serão prestadas no prazo da lei, sob pena de responsabilidade, ressalvadas aquelas cujo sigilo seja imprescindível à segurança da sociedade e do Estado.

Além do art. 5º, o art. 37 trata da matéria, desde o seu *caput*, sendo que consta do § 3º: "A lei disciplinará as formas de participação do usuário na administração pública direta e indireta".

Desde a Lei de Política Nacional do Meio Ambiente (Lei n. 6.938/1981), está presente a obrigação de o Poder Público informar e o direito do público em ser informado. A Constituição Federal de 1988 segue o mesmo itinerário, como já foi indicado. A Lei n. 7.802/1989, sobre agrotóxicos, determina a transmissão de um mínimo de dados.

A Lei n. 9.984/2000, que instituiu a Agência Nacional de Águas (ANA) determina que será dada publicidade aos pedidos de outorga de direito de uso dos recursos hídricos do domínio da União, bem como aos atos administrativos que deles resultarem, por meio de publicação na imprensa oficial e em pelo menos um jornal de grande circulação na respectiva região (art. 8º)[1].

O ano de 2001 marca um grande avanço na informação e na participação através do Estatuto da Cidade (Lei n. 10.257/2001), determinando que, no processo de elaboração do plano diretor e na fiscalização de sua implementação, haja a promoção de audiências públicas e debates com a participação da população e de associações representativas dos vários segmentos da comunidade (art. 40). E inova fortemente ao dizer, no art. 52, VI, que o Prefeito incorre em improbidade administrativa se impedir ou deixar de garantir os requisitos contidos nos incisos I a III do § 4º do art. 40 do referido Estatuto (participação, publicidade e acesso à informação).

Em 2004, na Lei n. 11.079/2004, a qual institui normas gerais sobre licitação e contratação de parceria público-privada

1. A Lei nº 14.026/2020 deu nova redação ao art. 8º: "A ANA dará publicidade aos pedidos de outorga de direito de uso de recursos hídricos de domínio da União por meio de publicação em seu sítio eletrônico, e os atos administrativos que deles resultarem serão publicados no Diário Oficial da União e no sítio eletrônico da ANA".

na Administração Pública, consta que na contratação da parceria público-privada, deve ser seguida a diretriz de "transparência dos procedimentos e das decisões".

A Lei n. 12.305/2010 afirma constituir Princípio da Política Nacional de Resíduos Sólidos o direito da sociedade à informação e ao controle social. Define controle social como o "conjunto de mecanismos e procedimentos que garantam à sociedade informações e participação nos processos de formulação, implementação e avaliação das políticas públicas relacionadas aos resíduos sólidos" (art. 3º, VI).

15.2. Lei de Diretrizes de Saneamento Básico, informação e participação

A Lei 11.445/2007, com a redação dada pela Lei 14.026/2020, trata de informação e participação nos artigos **2º**, IX, X; **3º**, IV; **9º**, V; **11**, IV; **19,** § 5º: **23,** X; **26**, *caput*, § 2º; **27**, I e IV; **47**; **53**.

> **Art. 2º** Os serviços públicos de saneamento básico serão prestados com base nos seguintes princípios fundamentais:
>
> IX – transparência das ações, baseada em sistemas de informações e processos decisórios institucionalizados;
>
> X – controle social.
>
> **Art. 3º** Para fins do disposto nesta Lei, considera-se:
>
> IV – controle social: conjunto de mecanismos e procedimentos que garantem à sociedade informações, representações técnicas e participação nos processos de formulação de políticas, de planejamento e de avaliação relacionados com os serviços públicos de saneamento básico.
>
> **Art. 9º** O titular dos serviços formulará a respectiva política pública de saneamento básico, devendo, para tanto:

V – estabelecer os mecanismos e os procedimentos de controle social, observado o disposto no inciso IV do *caput* do art. 3º desta Lei.

Art. 11. São condições de validade dos contratos que tenham por objeto a prestação de serviços públicos de saneamento básico:

IV – a realização prévia de audiência e de consulta públicas sobre o edital de licitação, no caso de concessão, e sobre a minuta do contrato.

Art. 19. A prestação de serviços públicos de saneamento básico observará plano, que poderá ser específico para cada serviço, sendo que o plano abrangerá, no mínimo:

(...)

"ampla divulgação das propostas dos planos de saneamento básico e dos estudos que as fundamentem, inclusive com a realização de audiências ou consultas públicas".

Art. 27. É assegurado aos usuários de serviços públicos de saneamento básico, na forma das normas legais, regulamentares e contratuais:

I – amplo acesso a informações sobre os serviços prestados.

Art. 47. O controle social dos serviços públicos de saneamento básico poderá incluir a participação de órgãos colegiados de caráter consultivo, nacional, estaduais, distrital e municipais, em especial o Conselho Nacional de Recursos Hídricos,

Art. 53. Fica instituído o Sistema Nacional de Informações em Saneamento Básico – SINISA, com os objetivos de:

§ 1º As informações do Sinisa são públicas, gratuitas, acessíveis a todos e devem ser publicadas na internet, em formato de dados abertos.

Sem desprezar outros requisitos que asseguram a eficiência e a moralidade dos planos de saneamento básico, tratando-se de direitos difusos e coletivos como os abordados aqui – direito à água, ao esgotamento sanitário e coleta, transporte e tratamento de rejeitos sólidos –, há de ser valorizada a participação da população, em audiências públicas.

Focalizo a participação prevista no art. 11 da Lei no caso da estruturação do edital de licitação e na elaboração da minuta do contrato e de suas subsequentes transformações. "Não há dúvida de que há exigência em termos de participação dos interessados. Mas ela será inútil para o cumprimento da democracia participativa se as sugestões não forem efetivamente examinadas e a sua recusa devidamente justificada"[2].

> No caso da regulação, o alcance e as consequências de dada medida regulatória fogem à compreensão dos cidadãos comuns, fugindo também ao seu controle. A rigor, esta circunstância indica mais uma necessidade de reforço no controle procedimental do que no controle substancial. A técnica ideal para enfrentar a inescrutabilidade de decisões regulatórias consiste em exigir do regulador motivações mais extensas e didáticas ou requerer a utilização de procedimentos participatórios.[3]

Saliento a importância das audiências e consultas públicas na discussão do plano de saneamento básico. A audiência pública, desde que realizada através de chamamento dos interessados em tempo propício à participação, pode trazer resultados benéficos à elaboração de um plano adequado. "Participar significa que a opinião de uma pessoa pode ser levada em conta. Os indivíduos isolados, por mais competentes que sejam, não conseguem ser ouvidos facilmente pelos governos e pelas empresas"[4].

Interessante a experiência da Província do Quebec, Canadá, em que, antes de uma audiência pública, funcio-

---

2. Maria Sylvia Zanella Di Pietro. *Direito Administrativo*. 28ª ed. São Paulo: Atlas., p. 366, 2015.
3. Eduardo Jordão. *Controle judicial de uma administração pública complexa: a experiência estrangeira na adaptação da intensidade do controle*. 1ª ed. São Paulo: Malheiros Editores, p. 244-245, 2016.
4. Paulo Affonso Leme Machado. *Direito Ambiental Brasileiro*. 27ª ed. São Paulo: Malheiros Editores e Editora Juspodium, p. 134 e 136. 2020.

nários imparciais e independentes visitam a população do local objeto do estudo ou do projeto, explicando detalhes técnicos, que facilitarão os debates na audiência programada. Torna-se oportuno verificar se a experiência de videoconferências pode assemelhar-se à livre participação das atuais audiências públicas.

> Levar em conta as observações do público no procedimento da participação significa examinar com atenção e razoabilidade, de tal forma que os que participaram sintam-se prestigiados na sua cidadania. Essa recomendação do Acordo Setorial visa evitar-se a falsidade da participação ou a mera aparência de participação, em que se convidam as pessoas a participar, mas a decisão já está pronta e as observações do público não terão o mínimo peso, se não coincidirem com a vontade ou a opinião dos integrantes da administração pública[5].

A Lei 14.026/2020, felizmente, faz com que, tanto na elaboração do edital de licitação, como na estruturação do contrato de concessão para prestação de serviços públicos de saneamento básico, haja a participação do público. Há pessoas que são contrárias à participação, alegando que esses procedimentos exigem preparação técnica de especialistas. Esses críticos querem ignorar que a participação do público pode trazer a contribuição de grandes especialistas, que não estão nem no poder público, nem no campo das empresas.

A abertura para a participação popular pode significar uma relevante contribuição de pessoas de alto saber e de irrepreensível conduta. Além disso, a possível participação representa um meio eficiente de afastar contratos de duvidosa

5. Paulo Affonso Leme Machado. Acesso à informação, à participação pública e acesso à Justiça em matéria ambiental: Acordo de Escazú/2018. *Estudos de Direito Ambiental – 3*. 1ª[ed. São Paulo: Malheiros Editores, p. 39. 2019.

moralidade e um modo de tentar alijar grupos inidôneos do ponto de vista econômico-financeiro (art. 37, *caput*, da CF).

15.3. A informação no saneamento básico e a invocação de sigilo: inconstitucionalidade flagrante do § 1º do art. 26

Prevê o art. 26:

> Art. 26. Deverá ser assegurada publicidade aos relatórios, estudos, decisões e instrumentos equivalentes que se refiram à regulação ou à fiscalização dos serviços, bem como aos direitos e deveres dos usuários e prestadores, a eles podendo ter acesso qualquer do povo, independentemente da existência de interesse direto.
>
> § 1º Excluem-se do disposto no *caput* deste artigo os documentos considerados sigilosos em razão de interesse público relevante, mediante prévia e motivada decisão.

A Constituição determina no § 3º do art. 37:

> Art. 37, § 3º. A Lei disciplinará as formas de participação do usuário na administração pública direta e indireta, regulando especialmente:
>
> II – o acesso dos usuários a registros administrativos e a informações sobre atos de governo, observado o disposto no art. 5º, X e XXXIII.

Continua a Constituição:

> Art. 5º, X – são invioláveis a intimidade, a vida privada, a honra e a imagem das pessoas, assegurado o direito a indenização pelo dano material ou moral decorrente de sua violação;
>
> Art. 5º, XXXIII – todos têm direito de receber dos órgãos públicos informações de seu interesse particular, ou de interesse coletivo ou geral, que serão prestadas no prazo da lei, sob pena de responsabilidade, ressalvadas aquelas cujo sigilo seja imprescindível à segurança da sociedade e do Estado.

A Lei 14.026/2020 pretende estabelecer sigilo em razão de interesse público relevante. Equivocou-se o legislador nesse ponto, pois, para barrar o acesso à informação, é preciso a imprescindibilidade do sigilo por dois motivos específicos: segurança da sociedade e segurança do Estado.

Na Constituição não há termos sem sentido, supérfluos ou dúbios que possam restringir os direitos e as garantias individuais. "Razão de interesse público relevante" (art. 26, § 1º, da Lei n. 11.445/2007) não se equipara à razão "imprescindível" da Constituição (art. 5º, XXXIII, da CF). Imprescindível é indispensável, não dispensável, ou "*di cui se deve assolutamente tener conto*".[6]

Além disso, a Constituição é explícita, além da imprescindibilidade do sigilo, deve-se ter em vista que a matéria é protegida é a segurança da sociedade e a segurança do Estado, devidamente comprovados. Reafirme-se que a eficiência e a moralidade na universalização dos serviços públicos de saneamento básico exigem a publicidade, como o sol que acaba com a contaminação da corrupção e da incompetência. Não é um parágrafo enxertado em um artigo, ao arrepio da Constituição, que pode eliminar DE todo um sistema de publicidade cuidadosamente erigido pelos legisladores na própria Lei comentada.

6. G. Devoto e G.C. Oli. *Vocabolario dela Lingua Italiana.* Firenze: Felice Le Monnier p. 545, 1979 (Tredicesima ristampa: luglio 1994).

16. ESPECIFICIDADES DA LEI DE SANEAMENTO BÁSICO

16.1. Grandes usuário

"Desde que previsto nas normas de regulação, grandes usuários poderão negociar suas tarifas com o prestador dos serviços, mediante contrato específico, ouvido previamente o regulador" (art. 41 da Lei n. 11.445/2007).

16.2. Bens reversíveis

"Os valores investidos em bens reversíveis pelos prestadores constituirão créditos perante o titular, a serem recuperados mediante a exploração dos serviços, nos termos das normas regulamentares e contratuais e, quando for o caso, observada a legislação pertinente às sociedades por ações" (art. 42 da Lei).

16.3. Conexão às redes públicas de abastecimento de água e destinação de esgotos e pagamento

"As edificações permanentes urbanas serão conectadas às redes públicas de abastecimento de água e de esgotamento sanitário disponíveis e sujeitas ao pagamento de taxas, tarifas e outros preços públicos decorrentes da disponibilização e da manutenção da infraestrutura e do uso desses serviços" (art. 45 da Lei).

16.4. Ausência de redes públicas de saneamento básico

"Na ausência de redes públicas de saneamento básico, serão admitidas soluções individuais de abastecimento de água e de afastamento e destinação final dos esgotos sanitários, observadas as normas editadas pela entidade reguladora e pelos órgãos responsáveis pelas políticas ambiental, sanitária e de recursos hídricos" (art. 45, § 1º).

16.5. Instalação hidráulica predial ligada à rede pública

"A instalação hidráulica predial ligada à rede pública de abastecimento de água não poderá ser também alimentada por outras fontes" (art. 45, § 2º)

"A instalação hidráulica predial prevista no § 2º deste artigo constitui a rede ou tubulação que se inicia na ligação de água da prestadora e finaliza no reservatório de água do usuário" (art. 45, § 3º).

16.6. Disponibilização da rede pública de esgotamento sanitário e cobrança

> Art. 45, § 4º. Quando disponibilizada rede pública de esgotamento sanitário, o usuário estará sujeito aos pagamentos previstos no caput deste artigo, sendo-lhe assegurada a cobrança de um valor mínimo de utilização dos serviços, ainda que a sua edificação não esteja conectada à rede pública.

O fato de existir a rede pública de esgotamento sanitário obriga o possível usuário a conectá-la. Não querendo fazer essa conexão, o possível usuário estará sujeito à cobrança de um "valor mínimo de utilização dos serviços". A Lei não fixa esse valor mínimo, devendo ser calculado em relação ao valor médio das tarifas praticadas naquela rede pública.

16.7. Obrigação de conexão com a rede pública de esgotamento sanitário e sanção

> Art. 45, § 5º O pagamento de taxa ou de tarifa, na forma prevista no caput deste artigo, não isenta o usuário da obrigação de conectar-se à rede pública de esgotamento sanitário, e o descumprimento dessa obrigação sujeita o usuário ao pagamento de multa e demais sanções previstas na legislação, ressalvados os casos de reúso e de captação de água de chuva, nos termos do regulamento.
>
> § 6º A entidade reguladora ou o titular dos serviços públicos de saneamento básico deverão estabelecer prazo não superior a 1 (um) ano para que os usuários conectem suas edificações à rede de esgotos, onde disponível, sob pena de o prestador do serviço realizar a conexão mediante cobrança do usuário.
>
> § 7º A entidade reguladora ou o titular dos serviços públicos de saneamento básico deverá, sob pena de responsabilidade administrativa, contratual e ambiental, até 31 de dezembro de 2025, verificar e aplicar o procedimento previsto no § 6º deste artigo a todas as edificações implantadas na área coberta com serviço de esgotamento sanitário.

Esses três parágrafos do artigo 45 pretendem efetivar a conexão de um possível usuário à rede pública de esgotamento sanitário. É de debater-se se essa conexão forçada contraria ou não o direito de liberdade do possível usuário. Certamente, o poder público, através do titular dos serviços públicos e das entidades reguladoras, está valendo-se do princípio da "função social da propriedade" (arts. 5º, XXIII, e 182, ambos da CF). A existência da rede pública de esgotamento sanitário visa unificar e coordenar a coleta e posterior tratamento dos dejetos coletados. Não se quer deixar à escolha das pessoas o lançamento de seus dejetos numa fossa séptica, ou em outros locais, que possam suscitar o surgimento de doenças.

Interessante acrescentar, em seguimento à política de utilização da rede pública de esgotamento sanitário, o art. 48-A, inserido no Capítulo IX, "Da Política Federal de Saneamento Básico":

> Art. 48-A. Em programas habitacionais públicos federais ou subsidiados com recursos públicos federais, o sistema de esgotamento sanitário deverá ser interligado à rede existente, ressalvadas as hipóteses do § 4º do art. 11-B desta Lei..

De alta importância que nos programas habitacionais subsidiados com recursos públicos federais – como os da Caixa Econômica Federal – haja a obrigação de interligação do sistema de esgotamento sanitário à rede existente.

17. DA PARTICIPAÇÃO DE ÓRGÃOS COLEGIADOS NO CONTROLE SOCIAL

> Art. 47. O controle social dos serviços públicos de saneamento básico poderá incluir a participação de órgãos colegiados de caráter consultivo, nacional, estaduais, distrital e municipais, em especial o Conselho Nacional de Recursos Hídricos (...)

O Capítulo VIII, ao falar da inserção de colegiados no controle social, traz, portanto, essa noção que a lei conceituou como princípio fundamental (art. 2º, X, e art. 3º, VI). Nesta Lei, o controle social tem duas vertentes – a da informação e a da participação.

O controle social na vertente da participação prevê "participação nos processos de formulação de políticas, de planejamento e de avaliação relacionados com os serviços públicos de saneamento" (art. 3º, IV da Lei).

Participar é um dos atos de maior relevo da vida de um país que age com seriedade e com transparência, na inarredável matéria do abastecimento de água, do esgotamento sanitário, na coleta, no transporte e no tratamento de rejeitos como também na limpeza urbana e destinação das águas pluviais.

Esta Lei previu, nos cinco incisos do art. 47, a inclusão das seguintes categorias como: dos titulares dos serviços; de órgãos governamentais relacionados ao setor de saneamento básico; dos prestadores de serviços públicos de saneamento básico; dos usuários de serviços de saneamento básico; de entidades técnicas, organizações da sociedade civil e de defesa do consumidor relacionadas ao setor de saneamento básico.

Assinala Álvaro Luiz Valery Mirra que "o princípio participativo encontra-se inscrito em inúmeras disposições constitucionais como, por exemplo, naquelas que preveem a abertura da iniciativa popular das leis (art. 14, III), da realização de plebiscitos e referendos (art. 14, I e II), a participação de trabalhadores e empregadores em colegiados de órgãos públicos de seu interesse profissional ou previdenciário (art. 10), a participação das associações representativas no planejamento municipal (art. 29, XII), a participação dos contribuintes na fiscalização financeira municipal (art. 31, § 3º), a participação na seguridade social (art. 194, VII), a participação nas ações e serviços públicos de saúde (art. 198, III), a participação no ensino público[1] (art. 206, VI), a participação pela via do exercício do direito de petição (art. 5º, XXXIV, 'a') e pelas vias da ação popular (art. 5º, LXXIII), da ação direta de inconstitucionalidade (art. 103), e da ação civil pública (art. 129, III e § 1º)"[2]. Arremata o autor afirmando "o modelo de Estado projetado pela constituinte de 1988 é, efetivamente,

1. Álvaro Luiz Valery Mirra. *Participação, processo civil e defesa do meio ambiente.* 1ª edição. São Paulo: Letras Jurídicas, p. 86-87, 2011.
2. Ibid. p. 87.

o do Estado da democracia participativa..., que se dá de maneira ampla e rotineira nos processos decisórios públicos e no controle das ações e omissões públicas e privada que afetam toda a sociedade."[3]

3. Álvaro Luiz Valery Mirra. *Participação, sso civil e defesa do meio ambiente*. 1ª edição. São Paulo: Letras Jurídicas, p. 87, 2011.

18. DA POLÍTICA FEDERAL DE SANEAMENTO BÁSICO

O Capítulo IX da Lei n. 11.445/2007, "Da Política Federal de Saneamento Básico", abrange do art. 48 ao art. 53-D.

Como se já se expôs, a tarefa de saneamento básico é preferencialmente levada a efeito pelos Municípios isoladamente ou os Estados poderão, mediante lei complementar, instituir regiões metropolitanas, aglomerações urbanas e microrregiões, constituídas por agrupamentos de Municípios limítrofes, para integrar a organização, o planejamento e a execução de funções públicas de interesse comum (art. 25, § 3º, da CF).

Portanto, a implementação do saneamento básico não foi dada à União, reiterando-se o que declara o art. 21 da Constituição, em seu inciso XX: compete à União "instituir diretrizes para o desenvolvimento urbano, inclusive habitação, saneamento básico e transportes urbanos".

18.1. Diretrizes da Política Federal de Saneamento Básico

O art. 48 prevê dezessete diretrizes, expressas em dezessete incisos, para o estabelecimento da política de saneamento básico da União. Dentre essas diretrizes saliento o inciso IX:

> Art. 48, IX- adoção de critérios objetivos de elegibilidade e prioridade, considerados fatores como nível de renda e cobertura, grau de urbanização, concentração populacional, porte populacional municipal, áreas rurais e comunidades tradicionais e indígenas, disponibilidade hídrica e riscos sanitários, epidemiológicos e ambientais.

Constata-se que a União pretende direcionar sua ação no saneamento básico para áreas rurais e comunidades tradicionais e indígenas; considerando, também, a disponibilidade hídrica de certas áreas e os riscos epidemiológicos e ambientais. Quanto às demais diretrizes, elejo mais uma a destacar: "acompanhamento da governança e da regulação no setor de saneamento" (art.48, XVI), não querendo a União intervir no dia a dia da prestação desses serviços públicos, mas não deixando de fiscalizar, através de um sistema de acompanhamento.

18.2. Priorização e apoio do saneamento integrado: um dos objetivos da Política Federal de Saneamento Básico

No art. 49, constam dezesseis incisos concernentes aos objetivos da Política Federal de Saneamento Básico. Veja-se o inciso XVI: "priorizar, apoiar e incentivar planos, programas e projetos que visem à implantação e à ampliação dos serviços e das ações de saneamento integrado, nos termos desta Lei".

A expressão "saneamento integrado" pode ser entendida em duas vertentes. Na primeira, são implementadas quatro áreas do saneamento: abastecimento de água; esgotamento sanitário; limpeza urbana e manejo de resíduos sólidos; manejos de águas pluviais urbanas. Na segunda vertente, "saneamento integrado" é aquele implementado pela União, os Estados, o Distrito Federal e os Municípios através da gestão associada (art. 241 da CF) ou através das regiões metropolitanas, microrregiões e aglomerações urbanas, organizado pelos Estados e Municípios limítrofes (art. 25, § 3º, da CF).

O saneamento integrado através das regiões metropolitanas, microrregiões e aglomerações tem o traço de união entre os Municípios, que devem ser limítrofes. A situação de serem limítrofes ou de serem vizinhos é de alta importância no sentido da coparticipação nos problemas sociais, sanitários, ambientais e até econômicos.

> A competência constitucional para a organização de serviços públicos corresponde a um círculo de deveres para a consecução dos quais se assegura um plexo de poderes instrumentais[1].

18.3. Plano Nacional de Saneamento Básico e abrangência de cinco setores

18.3.1 Apoio sanitário para populações de baixa renda

O Plano deverá "abranger o abastecimento de água, o esgotamento sanitário, o manejo de resíduos sólidos e o manejo de águas pluviais e outras ações de saneamento básico de interesse para a melhoria da salubridade ambiental, incluindo o provimento de banheiros e unidades hidrossanitárias para populações de baixa renda" (art. 52, § 1º, I).

18.3.2. Saneamento básico nas áreas indígenas, nas reservas extrativistas e nas comunidades quilombolas

O Plano tratará "especificamente das ações da União relativas ao saneamento básico nas áreas indígenas, nas reservas

1. Ana Rita de Figueiredo Nery. Supremo Tribunal Federal e a solução de conflitos federativos em serviços públicos: Porto de Suape. *Interpretação constitucional no Brasil.* Coordenadores: Renato Siqueira De Pretto, Richard Pae Kim e Thiago Cortizo Teraoka. São Paulo: Ecola Paulista da Magistratura, p. 187-211, 2017.

extrativistas da União e nas comunidades quilombolas" (art. 52, § 1º, II).

18.3.3. Saneamento básico em áreas rurais

O Plano contemplará "programa específico para ações de saneamento básico em áreas rurais" (art. 52, § 1º, III).

18.3.4. Ações visando à segurança hídrica

O Plano tratará de "ações específicas de segurança hídrica" (art. 52, § 1º, IV). A segurança hídrica pode abranger a carência de água ou a situação de enchentes. Prevê, também, o plano:

18.3.5. Ações de saneamento básico em núcleos urbanos informais

> Art. 52, V- contemplar ações de saneamento básico em núcleos urbanos informais ocupados por populações de baixa renda, quando estes forem consolidados e não se encontrarem em situação de risco.

A Lei 13.465/2017 conceitua núcleo urbano informal dizendo: "II – núcleo urbano informal: aquele clandestino, irregular ou no qual não foi possível realizar, por qualquer modo, a titulação de seus ocupantes, ainda que atendida a legislação vigente à época de sua implantação ou regularização".

Está previsto também, na mesma Lei, o núcleo urbano consolidado que é "aquele de difícil reversão, considerados o tempo da ocupação, a natureza das edificações, a localização das vias de circulação e a presença de equipamentos públicos, entre outras circunstâncias a serem avaliadas pelo Município;"

A Lei de saneamento básico não fechou os olhos para uma realidade incômoda: o núcleo urbano informal. A informalidade pode ter origem na ausência de titulação dos ocupantes do núcleo. No caso do núcleo urbano consolidado leva-se com conta o tempo da ocupação, a localização das vias de circulação e a presença de equipamentos públicos, como eletricidade, entre outros equipamentos. O fato de o poder público ocupar-se do saneamento desses núcleos, a meu ver, não legitima a posse irregular dos imóveis.

18.4. Financiamento federal, a prestação regionalizada de serviços de saneamento básico e os Municípios fora do sistema

O Ministro do STF Gilmar Ferreira Mendes afirma:

> A partilha dos recursos tributários faz-se pressuposto da própria autonomia da União, Estados e Municípios. "A descentralização caracterizadora do Estado Federal não se completa sem a atribuição de rendas."[2]

O Decreto n. 10.588, de 24 de dezembro de 2020, dá condições para a "alocação de recursos públicos federais e financiamentos com recursos da União" para a implantação e funcionamento de serviços públicos de saneamento básico.

O Governo Federal, ao condicionar o auxílio financeiro aos Municípios brasileiros à sua adesão a uma instituição regionalizada de saneamento, retira a autonomia desses Municípios, contrariando frontalmente o artigo 18 da Constituição. A pretendida eficiência ou a viabilidade financeira desses serviços não justifica colocar de joelhos os Municípios brasileiros. As

---

2. Gilmar Ferreira Mendes. In Gilmar Ferreira Mendes e Paulo Gustavo Gonet Branco. *Curso de Direito Constitucional* 11ª ed. São Paulo: Editora Saraiva, p. 1424, 2016.

rendas federais são geradas nos Municípios! A autonomia dos entes federados é mandamento da Constituição.

> A autonomia federativa assenta-se em dois elementos básicos: a) na existência de órgãos governamentais próprios, isto é, que não dependam dos órgãos federais quanto à forma de seleção e investidura; b) na posse de competências exclusivas, um mínimo ao menos, que não seja ridiculamente reduzido. Esses pressupostos da autonomia estão configurados na Constituição (arts. 18 a 42).[3]

A autonomia municipal não visa antagonizar a União e os Estados. Pelo contrário, busca unir esses entes públicos para o melhor desempenho de suas funções.

Nesse sentido, o Conselho da Europa formulou a Carta Europeia de Autonomia Local, de 1985. "É importante preocupar-se com a autonomia local, porque ela representa a condição necessária para que os representantes locais possam responder às necessidades, às exigências e aos problemas dos cidadãos"[4].

Há de ser procurada a prática de um federalismo cooperativo, e não de um federalismo coercitivo. Afirma o Professor J.J. Gomes Canotilho que "o princípio da garantia da autonomia local terá a ver com o estado de direito sobretudo nas dimensões de autonomia normativa (cfr. art. 241º) sobre a competência regulamentar e de garantia institucional que

---

3. José Afonso da Silva. *Curso de Direito Constitucional Positivo*. 41ª ed. São Paulo: Malheiros Ed. p. 102, 2018.
4. Goldsmith M., « Autonomy and City Limits », in Judge D., Stocker G., WOLMAN H., *Theories of Urban Politics*, London, Sage, 1995, p. 228-252. Apud Keuffer, Nicolas. L´autonomie local, un concept mutidimensionnel. *Revue internationale de politique comparé 2016*, 4, page 443 – 490.Disponível em: https://www.cairn.info/revue-internationale-de-politique-comparee-2016--4-page-443.htm. Acesso em 28 dez de 2020 (minha tradução).

assegura aos municípios um estado de conformação autônoma cujo conteúdo essencial não pode ser destruído pela administração estadual"[5].

> Art. 50. A alocação de recursos públicos federais e os financiamentos com recursos da União ou com recursos geridos ou operados por órgãos ou entidades da União serão feitos em conformidade com as diretrizes e objetivos estabelecidos nos arts. 48 e 49 desta Lei e com os planos de saneamento básico e condicionados:
>
> VII – à estruturação de prestação regionalizada (Incluído pela Lei nº 14.026, de 2020).

Causa perplexidade que a alocação de recursos públicos federais e os financiamentos com recursos da União exijam a estruturação da prestação regionalizada dos serviços de saneamento básico. É de ser questionado se os Municípios, que não quiserem ou não puderem integrar essa "prestação regionalizada", estão excluídos automaticamente dos recursos da União.

18.5. Estabelecimento pela união de blocos de referência

18.5.1. Regionalização, ganhos de escala e gigantismo da prestadora de serviços

Estão arrolados dezesseis objetivos da Política Federal de Saneamento Básico (art. 49, inciso I a inciso XVI da Lei). Coloco em exame o inciso XIV: "promover a regionalização dos serviços, com vistas à geração de ganhos de escala, por meio do apoio à formação dos blocos de referência e à obtenção da sustentabilidade econômica financeira do bloco".

---

5. José Joaquim Gomes Canotilho. *Direito Constitucional e Teoria da Constituição.* 2ª edição. Coimbra: Livraria Almedina, p. 247, 1998.

Há de ser perguntado: os serviços públicos de saneamento básico devem ter em vista "a geração de ganhos de escala"? "Economias de escala são os fatores que conduzem à redução do custo médio de produção de um determinado bem à medida que a quantidade produzida aumenta. A procura de economias de escala tem um lado negativo: a complexidade. Algumas empresas tornam-se tão grandes que se torna praticamente impossível o seu gerenciamento de forma eficiente. A complexidade anula, pelo menos parcialmente, o benefício das economias de escala"[6] .

O gigantismo das empresas de prestação de serviços públicos de saneamento básico é contrário à participação dos usuários para controlar a modicidade tarifária, e o número de Municípios agrupados, mas não necessariamente limítrofes na gestão associada, dificultará o controle da eficiência pela entidade reguladora e fiscalizadora.

Quando se olha com acuidade os princípios fundamentais da Lei de Saneamento Básico de 2020 salta aos olhos que a "geração de ganhos de escala" não é a prioridade desta Lei, ainda que não se despreze o ganho ou o lucro, desde que justo, do prestador de serviço – privado ou público. Há outros procedimentos, na própria Lei, de conquistar-se a sustentabilidade econômico financeira do que a constituição de "blocos de referência". Não é de esquecer-se que em vez da solução da gestão associada, através do bloco de referência, há a solução do art. 25, § 3º da Constituição com o agrupamento de Municípios somente limítrofes nas regiões metropolitanas, aglomerações urbanas e microrregiões, visan-

---

6. https://www.portal-gestao.com/artigos/6202-o-que-s%C3%A3o-economias--de-escala.html. Acesso em 14/10/2020.

do a organização, o planejamento e a execução de serviços públicos de interesse comum.

18.5.2. Os blocos de referência e a alocação ou financiamento federal da operação regular

Bloco de referência é o "agrupamento de Municípios não necessariamente limítrofes, estabelecido pela União nos termos do § 3º do art. 52 desta Lei e formalmente criado por meio de gestão associada voluntária dos titulares" (art. 3º, VI, "c"). O artigo 52, § 3º, referido na definição de bloco de referência tem o seguinte teor: "A União estabelecerá, de forma subsidiária aos Estados, blocos de referência para a prestação regionalizada dos serviços públicos de saneamento básico."

O bloco de referência significa a intervenção direta da União na prestação regionalizada dos serviços públicos de saneamento básico. Causa perplexidade essa ação da União, ainda que esteja dito que é de forma subsidiária aos Estados. Há de ser lembrado que o papel da União no saneamento básico é o de estabelecer diretrizes (art. 21, XX, da CF).

Hão de ser colocados em destaque a alocação de recursos públicos federais e os financiamentos com recursos da União (art. 50, *caput*) para operação regular. Essa alocação de recursos federais será feita em conformidade com os planos de saneamento e condicionada à regularidade da operação a ser financiada (art. 50, VI). Operação regular é aquela que observa integralmente as disposições constitucionais, legais e contratuais relativas ao exercício da titularidade e à contratação, prestação e regulação dos serviços (art. 3º, XIII).

19. SISTEMA NACIONAL DE INFORMAÇÕES EM SANEAMENTO BÁSICO – SINISA

19.1. Objetivos do Sinisa

Coletar e sistematizar dados relativos às condições da prestação dos serviços públicos de saneamento básico; disponibilizar estatísticas, indicadores e outras informações relevantes para a caracterização da demanda e da oferta de serviços públicos de saneamento básico; permitir e facilitar o monitoramento e avaliação da eficiência e da eficácia da prestação dos serviços de saneamento básico (art. 53 da Lei).

19.2. Auditoria das informações

O Ministério do Desenvolvimento Regional estabelecerá mecanismo sistemático de auditoria das informações inseridas no Sinisa (art. 53, § 6º).

O processo de elaboração e revisão dos planos de saneamento básico deverá prever sua divulgação em conjunto com os estudos que os fundamentarem, o recebimento de sugestões e críticas por meio de consulta ou audiência pública. Hão de ser cumpridos os princípios fundamentais do saneamento básico: transparência das ações, baseada em sistemas de informações e processos decisórios institucionalizados e o – controle social (artigo 2º, IX e X da Lei 11.445/2007, com a redação da Lei 14.026/2020).

20. COMITÊ INTERMINISTERIAL DE SANEAMENTO BÁSICO – CISB

20.1. Criação do CISB

Fica criado o Comitê Interministerial de Saneamento Básico (CISB), colegiado que, sob a presidência do Ministério do Desenvolvimento Regional, tem a finalidade de assegurar a implementação da política federal de saneamento básico e de articular a atuação dos órgãos e das entidades federais na alocação de recursos financeiros em ações de saneamento básico. A composição do CISB será definida em ato do Poder Executivo federal (art. 53-A e seu parágrafo único).

20.2. Competência do Comitê Interministerial de Saneamento Básico

Compete ao CISB:

> Art. 53-B. Compete ao CISB:
>
> I – coordenar, integrar, articular e avaliar a gestão, em âmbito federal, do Plano Nacional de Saneamento Básico;

II – acompanhar o processo de articulação e as medidas que visem à destinação dos recursos para o saneamento básico, no âmbito do Poder Executivo federal;

III – garantir a racionalidade da aplicação dos recursos federais no setor de saneamento básico, com vistas à universalização dos serviços e à ampliação dos investimentos públicos e privados no setor;

IV – elaborar estudos técnicos para subsidiar a tomada de decisões sobre a alocação de recursos federais no âmbito da política federal de saneamento básico; e

V – avaliar e aprovar orientações para a aplicação dos recursos federais em saneamento básico.

21. REGIME ESPECIAL DE INCENTIVOS PARA O DESENVOLVIMENTO DO SANEAMENTO BÁSICO – REISB

Este Regime Especial de Incentivos para o Desenvolvimento do Saneamento Básico foi criado pela Lei 13.329/2016, abrangendo os artigos 54-A a 54-B. O Regime Especial de Incentivos tem por finalidade incentivar a pessoa jurídica prestadora de serviços públicos de saneamento básico a aumentar o volume de seus investimentos através da concessão de créditos tributários. O Regime Especial de Incentivos para o Desenvolvimento do Saneamento Básico terá vigência até o ano de 2026.

É beneficiária do Regime Especial de Incentivos para o Desenvolvimento do Saneamento Básico a pessoa jurídica que realize investimentos voltados para a sustentabilidade e para a eficiência dos sistemas de saneamento básico e em acordo com o Plano Nacional de Saneamento Básico.

Ficam definidos como investimentos em sustentabilidade e em eficiência dos sistemas de saneamento básico aqueles que atendam: I – ao alcance das metas de universalização do abastecimento de água para consumo humano e da coleta e tratamento de esgoto; II – à preservação de áreas de mananciais e de unidades de conservação necessárias à proteção das condições naturais e de produção de água; III – redução de perdas de água e à ampliação da eficiência dos sistemas de abastecimento de água para consumo humano e dos sistemas de coleta e tratamento de esgoto; IV – à inovação tecnológica (art. 54-B, § 1º da Lei).

REFERÊNCIAS BIBLIOGRÁFICAS

CANOTILHO, José J. G. *Direito Constitucional e Teoria da Constituição*. 2. ed. Coimbra: Livraria Almedina, 1998.

CARVALHO FILHO, José S. *Manual de Direito Administrativo*. 30. ed. São Paulo: Atlas, 2016.

DEVOTO, G. e G.C. Oli. *Vocabolario dela Lingua Italiana*. Firenze: Felice Le Monnier. p. 545, 1979 (Tredicesima ristampa: luglio 1994).

GOLDSMITH M. «Autonomy and City Limits», in Judge D., Stocker G., WOLMAN H., *Theories of Urban Politics*, London, Sage, 1995, p. 228-252. Apud Keuffer, Nicolas. L'autonomie locale, un concept mutidimensionnel. *Revue internationale de politique comparé 2016*, 4, page 443-490.

https://www.cairn.info/revue-internationale-de-politique-comparee-2016-4-page-443.htm. Acesso em 28 de dezembro de 2020.

JORDÃO, Eduardo. *Controle judicial de uma administração pública complexa: a experiência estrangeira na adaptação da intensidade do controle*. São Paulo: Malheiros Editores, 2016.

MACHADO, Paulo A. L. *Direito Ambiental Brasileiro*. 27. ed. São Paulo: Editora Juspodium e Malheiros Editores, 2020.

______. Acesso à informação, à participação pública e acesso à Justiça em matéria ambiental: Acordo de Escazú/2018. *Estudos de Direito Ambiental – 3*. São Paulo: Malheiros Editores, 2019.

______. *Recursos Hídricos – Direito Brasileiro e Internacional.* São Paulo: Malheiros Editores, 2002.

MARTINS, Antônio F. da Fonseca. Inconsistências da política do subsídio cruzado. https://jus.com.br/artigos/73498/inconsistencias-da-politica-de-subsidio-cruzado. Publicado em 04/2019 Acesso em 18/09/2020.

MENDES, Gilmar F. e Branco, Paulo G.G. *Curso de Direito Constitucional.* 11. ed. São Paulo: Editora Saraiva, 2016.

MIRRA, Álvaro L. V. *Participação, processo civil e defesa do meio ambiente.* São Paulo: Letras Jurídicas, 2011.

NERY, Ana Rita de Figueiredo. Supremo Tribunal Federal e a solução de conflitos federativos em serviços públicos: Porto de Suape. *Interpretação constitucional no Brasil.* Coordenadores: Renato Siqueira De Pretto, Richard Pae Kim e Thiago Cortizo Teraoka. São Paulo: Escola Paulista da Magistratura, 2017.

PIETRO, Maria S. Z. di Pietro. *Direito Administrativo.* 28. ed. São Paulo: Atlas, 2015.

PRIEUR, Michel. *Les indicateurs juridiques. Outils d'évaluation de l'effectivité du droit de l'environnement.* Quebec : Institut de la Francophonie pour le Développement Durable (IFDD) 2018.

SILVA, José Afonso da. *Comentário Contextual à Constituição.* 8. ed. São Paulo: Malheiros Ed., 2012.

______. *Curso de Direito Constitucional Positivo.* 41. ed. São Paulo: Malheiros Ed., 2018.

SUNDFELD, Carlos A. Introdução à Agências Reguladoras. *Direito Administrativo Econômico.* 1ª ed. 3ª tiragem. São Paulo: Malheiros Editores, 2006.

Anexo

DIRETRIZES NACIONAIS PARA O SANEAMENTO BÁSICO

LEI Nº 11.445, DE 05 DE JANEIRO DE 2007, COM REDAÇÃO PELA LEI Nº 14.026, DE 15 DE JULHO DE 2020.

Mensagem de Veto

Regulamento

(Vide Lei nº 13.312, de 2016) (Vigência)

Estabelece as diretrizes nacionais para o saneamento básico; cria o Comitê Interministerial de Saneamento Básico; altera as Leis nºs 6.766, de 19 de dezembro de 1979, 8.666, de 21 de junho de 1993, e 8.987, de 13 de fevereiro de 1995; e revoga a Lei nº 6.528, de 11 de maio de 1978. (Redação pela Lei nº 14.026, de 2020)

O PRESIDENTE DA REPÚBLICA Faço saber que o Congresso Nacional decreta e eu sanciono a seguinte Lei:

CAPÍTULO I

DOS PRINCÍPIOS FUNDAMENTAIS

Art. 1º Esta Lei estabelece as diretrizes nacionais para o saneamento básico e para a política federal de saneamento básico.

Art. 2º Os serviços públicos de saneamento básico serão prestados com base nos seguintes princípios fundamentais:

I – universalização do acesso e efetiva prestação do serviço; (Redação pela Lei nº 14.026, de 2020)

II – integralidade, compreendida como o conjunto de atividades e componentes de cada um dos diversos serviços de saneamento que propicie à população o acesso a eles em conformidade com suas necessidades e maximize a eficácia das ações e dos resultados; (Redação pela Lei nº 14.026, de 2020)

III – abastecimento de água, esgotamento sanitário, limpeza urbana e manejo dos resíduos sólidos realizados de forma adequada à saúde pública, à conservação dos recursos naturais e à proteção do meio ambiente; (Redação pela Lei nº 14.026, de 2020)

IV – disponibilidade, nas áreas urbanas, de serviços de drenagem e manejo das águas pluviais, tratamento, limpeza e fiscalização preventiva das redes, adequados à saúde pública, à proteção do meio ambiente e à segurança da vida e do patrimônio público e privado; (Redação pela Lei nº 14.026, de 2020)

V – adoção de métodos, técnicas e processos que considerem as peculiaridades locais e regionais;

VI – articulação com as políticas de desenvolvimento urbano e regional, de habitação, de combate à pobreza e de sua erradicação, de proteção ambiental, de promoção da saúde, de recursos hídricos e outras de interesse social relevante, destinadas à melhoria da qualidade de vida, para as quais o saneamento básico seja fator determinante; (Redação pela Lei nº 14.026, de 2020)

VII – eficiência e sustentabilidade econômica;

VIII – estímulo à pesquisa, ao desenvolvimento e à utilização de tecnologias apropriadas, consideradas a capacidade de pagamento dos usuários, a adoção de soluções graduais e progressivas e a melhoria da qualidade com ganhos de eficiência e redução dos custos para os usuários; (Redação pela Lei nº 14.026, de 2020)

IX – transparência das ações, baseada em sistemas de informações e processos decisórios institucionalizados;

X – controle social;

XI – segurança, qualidade, regularidade e continuidade; (Redação pela Lei nº 14.026, de 2020)

XII – integração das infraestruturas e dos serviços com a gestão eficiente dos recursos hídricos; (Redação pela Lei nº 14.026, de 2020)

XIII – redução e controle das perdas de água, inclusive na distribuição de água tratada, estímulo à racionalização de seu consumo pelos usuários e fomento à eficiência energética, ao reúso de efluentes sanitários e ao aproveitamento de águas de chuva; (Redação pela Lei nº 14.026, de 2020)

XIV – prestação regionalizada dos serviços, com vistas à geração de ganhos de escala e à garantia da universalização e da viabilidade técnica e econômico-financeira dos serviços; (Incluído pela Lei nº 14.026, de 2020)

XV – seleção competitiva do prestador dos serviços; e (Incluído pela Lei nº 14.026, de 2020)

XVI – prestação concomitante dos serviços de abastecimento de água e de esgotamento sanitário. (Incluído pela Lei nº 14.026, de 2020)

Art. 3º Para fins do disposto nesta Lei, considera-se: (Redação pela Lei nº 14.026, de 2020)

I – saneamento básico: conjunto de serviços públicos, infraestruturas e instalações operacionais de: (Redação pela Lei nº 14.026, de 2020)

a) abastecimento de água potável: constituído pelas atividades e pela disponibilização e manutenção de infraestruturas e instalações operacionais necessárias ao abastecimento público de água potável, desde a captação até as ligações prediais e seus instrumentos de medição; (Redação pela Lei nº 14.026, de 2020)

b) esgotamento sanitário: constituído pelas atividades e pela disponibilização e manutenção de infraestruturas e instalações operacionais necessárias à coleta, ao transporte, ao tratamento e à disposição final adequados dos esgotos sanitários, desde as ligações prediais até sua destinação final para produção de água de reúso ou seu lançamento de forma adequada no meio ambiente; (Redação pela Lei nº 14.026, de 2020)

c) limpeza urbana e manejo de resíduos sólidos: constituídos pelas atividades e pela disponibilização e manutenção de infraestruturas e instalações operacionais de coleta, varrição manual e mecanizada, asseio e conservação urbana, transporte, transbordo, tratamento e destinação final ambientalmente adequada dos resíduos sólidos domiciliares e dos resíduos de limpeza urbana; e (Redação pela Lei nº 14.026, de 2020)

d) drenagem e manejo das águas pluviais urbanas: constituídos pelas atividades, pela infraestrutura e pelas instalações operacionais de drenagem de águas pluviais, transporte, detenção ou retenção para o amortecimento de vazões de cheias, tratamento e disposição final das águas pluviais drenadas, contempladas a limpeza e a fiscalização preventiva das redes; (Redação pela Lei nº 14.026, de 2020)

II – gestão associada: associação voluntária entre entes federativos, por meio de consórcio público ou convênio de cooperação, conforme disposto no art. 241 da Constituição Federal; (Redação pela Lei nº 14.026, de 2020)

III – universalização: ampliação progressiva do acesso de todos os domicílios ocupados ao saneamento básico, em todos os serviços previstos no inciso XIV do **caput** deste artigo, incluídos o tratamento e a disposição final adequados dos esgotos sanitários; (Redação pela Lei nº 14.026, de 2020)

IV – controle social: conjunto de mecanismos e procedimentos que garantem à sociedade informações, representações técnicas e participação nos processos de formulação de políticas, de planejamento e de avaliação relacionados com os serviços públicos de saneamento básico; (Redação pela Lei nº 14.026, de 2020)

V – (VETADO);

VI – prestação regionalizada: modalidade de prestação integrada de um ou mais componentes dos serviços públicos de saneamento básico em determinada região cujo território abranja mais de um Município, podendo ser estruturada em: (Redação pela Lei nº 14.026, de 2020)

a) região metropolitana, aglomeração urbana ou microrregião: unidade instituída pelos Estados mediante lei complementar, de acordo com o § 3º do art. 25 da Constituição Federal, composta de agrupamento de Municípios limítrofes e instituída nos termos da Lei nº 13.089, de 12 de janeiro de 2015 (Estatuto da Metrópole); (Incluído pela Lei nº 14.026, de 2020)

b) unidade regional de saneamento básico: unidade instituída pelos Estados mediante lei ordinária, constituída pelo agrupamento de Municípios não necessariamente limítrofes, para atender adequadamente às exigências de higiene e saúde pública, ou para dar viabilidade econômica e técnica aos Municípios menos favorecidos; (Incluído pela Lei nº 14.026, de 2020)

c) bloco de referência: agrupamento de Municípios não necessariamente limítrofes, estabelecido pela União nos termos do § 3º do art. 52 desta Lei e formalmente criado por meio de gestão associada voluntária dos titulares; (Incluído pela Lei nº 14.026, de 2020)

VII – subsídios: instrumentos econômicos de política social que contribuem para a universalização do acesso aos serviços públicos de saneamento básico por parte de populações de baixa renda; (Redação pela Lei nº 14.026, de 2020)

VIII – localidades de pequeno porte: vilas, aglomerados rurais, povoados, núcleos, lugarejos e aldeias, assim definidos pela Fundação Instituto Brasileiro de Geografia e Estatística (IBGE); (Redação pela Lei nº 14.026, de 2020)

IX – contratos regulares: aqueles que atendem aos dispositivos legais pertinentes à prestação de serviços públicos de saneamento básico; (Incluído pela Lei nº 14.026, de 2020)

X – núcleo urbano: assentamento humano, com uso e características urbanas, constituído por unidades imobiliárias com área inferior à fração mínima de parcelamento prevista no art. 8º da Lei nº 5.868, de 12 de dezembro de 1972, independentemente da propriedade do solo, ainda que situado em área qualificada ou inscrita como rural; (Incluído pela Lei nº 14.026, de 2020)

XI – núcleo urbano informal: aquele clandestino, irregular ou no qual não tenha sido possível realizar a titulação de seus ocupantes, ainda que atendida a legislação vigente à época de sua implantação ou regularização; (Incluído pela Lei nº 14.026, de 2020)

XII – núcleo urbano informal consolidado: aquele de difícil reversão, considerados o tempo da ocupação, a natureza das edificações, a localização das vias de circulação e a presença de equipamentos públicos, entre outras circunstâncias a serem avaliadas pelo Município ou pelo Distrito Federal; (Incluído pela Lei nº 14.026, de 2020)

XIII – operação regular: aquela que observa integralmente as disposições constitucionais, legais e contratuais relativas ao exercício da titularidade e à contratação, prestação e regulação dos serviços; (Incluído pela Lei nº 14.026, de 2020)

XIV – serviços públicos de saneamento básico de interesse comum: serviços de saneamento básico prestados em regiões metropolitanas, aglomerações urbanas e microrregiões instituídas por lei complementar estadual, em que se verifique o compartilhamento de instalações operacionais de infraestrutura de abastecimento de água e/ou de esgotamento sanitário entre 2 (dois) ou mais Municípios, denotando a necessidade de organizá-los, planejá-los, executá-los e operá-los de forma conjunta e integrada pelo Estado e pelos Munícipios que compartilham, no todo ou em parte, as referidas instalações operacionais; (Incluído pela Lei nº 14.026, de 2020)

XV – serviços públicos de saneamento básico de interesse local: funções públicas e serviços cujas infraestruturas e instalações operacionais atendam a um único Município; (Incluído pela Lei nº 14.026, de 2020)

XVI – sistema condominial: rede coletora de esgoto sanitário, assentada em posição viável no interior dos lotes ou conjunto de habitações, interligada à rede pública convencional em um único ponto ou à unidade de tratamento, utilizada onde há dificuldades de execução de redes ou ligações prediais no sistema convencional de esgotamento; (Incluído pela Lei nº 14.026, de 2020)

XVII – sistema individual alternativo de saneamento: ação de saneamento básico ou de afastamento e destinação final dos esgotos, quando o local não for atendido diretamente pela rede pública; (Incluído pela Lei nº 14.026, de 2020)

XVIII – sistema separador absoluto: conjunto de condutos, instalações e equipamentos destinados a coletar, transportar, condicionar e encaminhar exclusivamente esgoto sanitário; (Incluído pela Lei nº 14.026, de 2020)

XIX – sistema unitário: conjunto de condutos, instalações e equipamentos destinados a coletar, transportar, condicionar e encaminhar conjuntamente esgoto sanitário e águas pluviais. (Incluído pela Lei nº 14.026, de 2020)

§ 1º (VETADO).

§ 2º (VETADO).

§ 3º (VETADO).

§ 4º (VETADO). (Incluído pela Lei nº 14.026, de 2020)

§ 5º No caso de Região Integrada de Desenvolvimento (Ride), a prestação regionalizada do serviço de saneamento básico estará condicionada à anuência dos Municípios que a integram. (Incluído pela Lei nº 14.026, de 2020)

Art. 3º-A. Consideram-se serviços públicos de abastecimento de água a sua distribuição mediante ligação predial, incluídos eventuais instrumentos de medição, bem como, quando vinculadas a essa finalidade, as seguintes atividades: (Incluído pela Lei nº 14.026, de 2020)

I – reservação de água bruta; (Incluído pela Lei nº 14.026, de 2020)

II – captação de água bruta; (Incluído pela Lei nº 14.026, de 2020)

III – adução de água bruta; (Incluído pela Lei nº 14.026, de 2020)

IV – tratamento de água bruta; (Incluído pela Lei nº 14.026, de 2020)

V – adução de água tratada; e (Incluído pela Lei nº 14.026, de 2020)

VI – reservação de água tratada. (Incluído pela Lei nº 14.026, de 2020)

Art. 3º-B. Consideram-se serviços públicos de esgotamento sanitário aqueles constituídos por 1 (uma) ou mais das seguintes atividades: (Incluído pela Lei nº 14.026, de 2020)

I – coleta, incluída ligação predial, dos esgotos sanitários; (Incluído pela Lei nº 14.026, de 2020)

II – transporte dos esgotos sanitários; (Incluído pela Lei nº 14.026, de 2020)

III – tratamento dos esgotos sanitários; e (Incluído pela Lei nº 14.026, de 2020)

IV – disposição final dos esgotos sanitários e dos lodos originários da operação de unidades de tratamento coletivas ou individuais de forma ambientalmente adequada, incluídas fossas sépticas. (Incluído pela Lei nº 14.026, de 2020)

Parágrafo único. Nas Zonas Especiais de Interesse Social (Zeis) ou outras áreas do perímetro urbano ocupadas predominantemente por população de baixa renda, o serviço público de esgotamento sanitário, realizado diretamente pelo titular ou por concessionário, inclui conjuntos sanitários para as residências e solução para a destinação de efluentes, quando inexistentes, assegurada compatibilidade com as diretrizes da política municipal de regularização fundiária. (Incluído pela Lei nº 14.026, de 2020)

Art. 3º-C. Consideram-se serviços públicos especializados de limpeza urbana e de manejo de resíduos sólidos as atividades operacionais de coleta, transbordo, transporte, triagem para fins de reutilização ou reciclagem, tratamento, inclusive por compostagem, e destinação final dos: (Incluído pela Lei nº 14.026, de 2020)

I – resíduos domésticos; (Incluído pela Lei nº 14.026, de 2020)

II – resíduos originários de atividades comerciais, industriais e de serviços, em quantidade e qualidade similares às dos resíduos domésticos, que, por decisão do titular, sejam considerados resíduos sólidos urbanos, desde que tais resíduos não sejam de responsabilidade de seu gerador nos termos da norma legal ou administrativa, de decisão judicial ou de termo de ajustamento de conduta; e (Incluído pela Lei nº 14.026, de 2020)

III – resíduos originários dos serviços públicos de limpeza urbana, tais como: (Incluído pela Lei nº 14.026, de 2020)

a) serviços de varrição, capina, roçada, poda e atividades correlatas em vias e logradouros públicos; (Incluído pela Lei nº 14.026, de 2020)

b) asseio de túneis, escadarias, monumentos, abrigos e sanitários públicos; (Incluído pela Lei nº 14.026, de 2020)

c) raspagem e remoção de terra, areia e quaisquer materiais depositados pelas águas pluviais em logradouros públicos; (Incluído pela Lei nº 14.026, de 2020)

d) desobstrução e limpeza de bueiros, bocas de lobo e correlatos; (Incluído pela Lei nº 14.026, de 2020)

e) limpeza de logradouros públicos onde se realizem feiras públicas e outros eventos de acesso aberto ao público; e (Incluído pela Lei nº 14.026, de 2020)

f) outros eventuais serviços de limpeza urbana. (Incluído pela Lei nº 14.026, de 2020)

Art. 3º-D. Consideram-se serviços públicos de manejo das águas pluviais urbanas aqueles constituídos por 1 (uma) ou mais das seguintes atividades: (Incluído pela Lei nº 14.026, de 2020)

I – drenagem urbana; (Incluído pela Lei nº 14.026, de 2020)

II – transporte de águas pluviais urbanas; (Incluído pela Lei nº 14.026, de 2020)

III – detenção ou retenção de águas pluviais urbanas para amortecimento de vazões de cheias; e (Incluído pela Lei nº 14.026, de 2020)

IV – tratamento e disposição final de águas pluviais urbanas. (Incluído pela Lei nº 14.026, de 2020)

Art. 4º Os recursos hídricos não integram os serviços públicos de saneamento básico.

Parágrafo único. A utilização de recursos hídricos na prestação de serviços públicos de saneamento básico, inclusive para disposição ou diluição de esgotos e outros resíduos líquidos, é sujeita a outorga de direito de uso, nos termos da Lei nº 9.433, de 8 de janeiro de 1997, de seus regulamentos e das legislações estaduais.

Art. 5º Não constitui serviço público a ação de saneamento executada por meio de soluções individuais, desde que o usuário não dependa de terceiros para operar os serviços, bem como as ações e serviços de saneamento básico de responsabilidade privada, incluindo o manejo de resíduos de responsabilidade do gerador.

Art. 6º O lixo originário de atividades comerciais, industriais e de serviços cuja responsabilidade pelo manejo não seja atribuída ao gerador pode, por decisão do poder público, ser considerado resíduo sólido urbano.

Art. 7º Para os efeitos desta Lei, o serviço público de limpeza urbana e de manejo de resíduos sólidos urbanos é composto pelas seguintes atividades:

I – de coleta, de transbordo e de transporte dos resíduos relacionados na alínea "c" do inciso I do **caput** do art. 3º desta Lei; (Redação pela Lei nº 14.026, de 2020)

II – de triagem, para fins de reutilização ou reciclagem, de tratamento, inclusive por compostagem, e de destinação final dos resíduos relacionados na alínea "c" do inciso I do **caput** do art. 3º desta Lei; e (Redação pela Lei nº 14.026, de 2020)

III – de varrição de logradouros públicos, de limpeza de dispositivos de drenagem de águas pluviais, de limpeza de córregos e outros serviços, tais como poda, capina, raspagem e roçada, e de outros eventuais serviços de limpeza urbana, bem como de coleta, de acondicionamento e de destinação final ambientalmente adequada dos resíduos sólidos provenientes dessas atividades. (Redação pela Lei nº 14.026, de 2020)

CAPÍTULO II

DO EXERCÍCIO DA TITULARIDADE

Art. 8º Exercem a titularidade dos serviços públicos de saneamento básico: (Redação pela Lei nº 14.026, de 2020)

I – os Municípios e o Distrito Federal, no caso de interesse local; (Incluído pela Lei nº 14.026, de 2020)

II – o Estado, em conjunto com os Municípios que compartilham efetivamente instalações operacionais integrantes de regiões metropolitanas, aglomerações urbanas e microrregiões, instituídas por lei complementar estadual, no caso de interesse comum. (Incluído pela Lei nº 14.026, de 2020)

§ 1º O exercício da titularidade dos serviços de saneamento poderá ser realizado também por gestão associada, mediante consórcio público ou convênio de cooperação, nos termos do art. 241 da Constituição Federal, observadas as seguintes disposições: (Incluído pela Lei nº 14.026, de 2020)

I – fica admitida a formalização de consórcios intermunicipais de saneamento básico, exclusivamente composto de Municípios, que poderão prestar o serviço aos seus consorciados diretamente, pela instituição de autarquia intermunicipal; (Incluído pela Lei nº 14.026, de 2020)

II – os consórcios intermunicipais de saneamento básico terão como objetivo, exclusivamente, o financiamento das iniciativas de implantação de medidas estruturais de abastecimento de água potável, esgotamento sanitário, limpeza urbana, manejo de resíduos sólidos, drenagem e manejo de águas pluviais, vedada a formalização de contrato de programa com sociedade de economia mista ou empresa pública, ou a subdelegação do serviço prestado pela autarquia intermunicipal sem prévio procedimento licitatório. (Incluído pela Lei nº 14.026, de 2020)

§ 2º Para os fins desta Lei, as unidades regionais de saneamento básico devem apresentar sustentabilidade econômico-financeira e contemplar, preferencialmente, pelo menos 1 (uma) região metropolitana, facultada a sua integração por titulares dos serviços de saneamento. (Incluído pela Lei nº 14.026, de 2020)

§ 3º A estrutura de governança para as unidades regionais de saneamento básico seguirá o disposto na Lei nº 13.089, de 12 de janeiro de 2015 (Estatuto da Metrópole). (Incluído pela Lei nº 14.026, de 2020)

§ 4º Os Chefes dos Poderes Executivos da União, dos Estados, do Distrito Federal e dos Municípios poderão formalizar a gestão associada para o exercício de funções relativas aos serviços públicos de saneamento básico, ficando dispensada, em caso de convênio de cooperação, a necessidade de autorização legal. (Incluído pela Lei nº 14.026, de 2020)

§ 5º O titular dos serviços públicos de saneamento básico deverá definir a entidade responsável pela regulação e fiscalização desses serviços, independentemente da modalidade de sua prestação. (Incluído pela Lei nº 14.026, de 2020)

Art. 8º-A. É facultativa a adesão dos titulares dos serviços públicos de saneamento de interesse local às estruturas das formas de prestação regionalizada. (Redação pela Lei nº 14.026, de 2020)

Art. 8º-B. No caso de prestação regionalizada dos serviços de saneamento, as responsabilidades administrativa, civil e penal são exclusivamente aplicadas aos titulares dos serviços públicos de saneamento, nos termos do art. 8º desta Lei. (Redação pela Lei nº 14.026, de 2020)

Art. 9º O titular dos serviços formulará a respectiva política pública de saneamento básico, devendo, para tanto:

I – elaborar os planos de saneamento básico, nos termos desta Lei, bem como estabelecer metas e indicadores de desempenho e mecanismos de aferição de resultados, a serem obrigatoriamente observados na execução dos serviços prestados de forma direta ou por concessão; (Redação pela Lei nº 14.026, de 2020)

II – prestar diretamente os serviços, ou conceder a prestação deles, e definir, em ambos os casos, a entidade responsável pela regulação e fiscalização da prestação dos serviços públicos de saneamento básico; (Redação pela Lei nº 14.026, de 2020)

III – definir os parâmetros a serem adotados para a garantia do atendimento essencial à saúde pública, inclusive quanto ao volume mínimo per capita de água para abastecimento público, observadas as normas nacionais relativas à potabilidade da água; (Redação pela Lei nº 14.026, de 2020)

IV – estabelecer os direitos e os deveres dos usuários; (Redação pela Lei nº 14.026, de 2020)

V – estabelecer os mecanismos e os procedimentos de controle social, observado o disposto no inciso IV do **caput** do art. 3º desta Lei; (Redação pela Lei nº 14.026, de 2020)

VI – implementar sistema de informações sobre os serviços públicos de saneamento básico, articulado com o Sistema Nacional de Informações em Saneamento Básico (Sinisa), o Sistema Nacional de Informações sobre a Gestão dos Resíduos Sólidos (Sinir) e o Sistema Nacional de Gerenciamento de Recursos Hídricos (Singreh), observadas a metodologia e a periodicidade estabelecidas pelo Ministério do Desenvolvimento Regional; e (Redação pela Lei nº 14.026, de 2020)

VII – intervir e retomar a operação dos serviços delegados, por indicação da entidade reguladora, nas hipóteses e nas condições previstas na legislação e nos contratos. (Redação pela Lei nº 14.026, de 2020)

Parágrafo único. No exercício das atividades a que se refere o **caput** deste artigo, o titular poderá receber cooperação técnica do respectivo Estado e basear-se em estudos fornecidos pelos prestadores dos serviços. (Incluído pela Lei nº 14.026, de 2020)

Art. 10. A prestação dos serviços públicos de saneamento básico por entidade que não integre a administração do titular depende da celebração de contrato de concessão, mediante prévia licitação, nos termos do art. 175 da Constituição Federal, vedada a sua disciplina mediante contrato de programa, convênio, termo de parceria ou outros instrumentos de natureza precária. (Redação pela Lei nº 14.026, de 2020)

§ 1º (Revogado). (Redação pela Lei nº 14.026, de 2020)

I – (revogado). (Incluído pela Lei nº 14.026, de 2020)

a) (revogado). (Incluído pela Lei nº 14.026, de 2020)

b) (revogado). (Incluído pela Lei nº 14.026, de 2020)

II – (revogado). (Incluído pela Lei nº 14.026, de 2020)

§ 2º (Revogado). (Redação pela Lei nº 14.026, de 2020)

§ 3º Os contratos de programa regulares vigentes permanecem em vigor até o advento do seu termo contratual. (Incluído pela Lei nº 14.026, de 2020)

Art. 10-A. Os contratos Relativos à prestação dos serviços públicos de saneamento básico deverão conter, expressamente, sob pena de nulidade, as cláusulas essenciais previstas no art. 23 da Lei nº 8.987, de 13 de fevereiro de 1995, além das seguintes disposições: (Redação pela Lei nº 14.026, de 2020)

I – metas de expansão dos serviços, de redução de perdas na distribuição de água tratada, de qualidade na prestação dos serviços, de eficiência e de uso racional da água, da energia e de outros recursos naturais, do reúso de efluentes sanitários e do aproveitamento de águas de chuva, em conformidade com os serviços a serem prestados; (Incluído pela Lei nº 14.026, de 2020)

II – possíveis fontes de receitas alternativas, complementares ou acessórias, bem como as provenientes de projetos associados, incluindo, entre outras, a alienação e o uso de efluentes sanitários para a produção de água de reúso, com possibilidade de as receitas serem compartilhadas entre o contratante e o contratado, caso aplicável; (Incluído pela Lei nº 14.026, de 2020)

III – metodologia de cálculo de eventual indenização relativa aos bens reversíveis não amortizados por ocasião da extinção do contrato; e (Incluído pela Lei nº 14.026, de 2020)

IV – repartição de riscos entre as partes, incluindo os referentes a caso fortuito, força maior, fato do príncipe e álea econômica extraordinária. (Incluído pela Lei nº 14.026, de 2020)

§ 1º Os contratos que envolvem a prestação dos serviços públicos de saneamento básico poderão prever mecanismos privados para resolução de disputas decorrentes do contrato ou a ele relacionadas, inclusive a arbitragem, a ser realizada no Brasil e em língua portuguesa, nos termos da Lei nº 9.307, de 23 de setembro de 1996. (Incluído pela Lei nº 14.026, de 2020)

§ 2º As outorgas de recursos hídricos atualmente detidas pelas empresas estaduais poderão ser segregadas ou transferidas da operação a ser concedida, permitidas a continuidade da prestação do serviço público de produção de água pela empresa detentora da outorga de recursos hídricos e a assinatura de contrato de longo prazo entre esta empresa produtora de água e a empresa operadora da distribuição de água para o usuário final, com objeto de compra e venda de água. (Incluído pela Lei nº 14.026, de 2020)

Art. 10-B. Os contratos em vigor, incluídos aditivos e renovações, autorizados nos termos desta Lei, bem como aqueles provenientes de licitação para prestação ou concessão dos serviços públicos de saneamento básico, estarão condicionados à comprovação da capacidade econômico-financeira da contratada, por recursos próprios ou por contratação de dívida, com vistas a viabilizar a universalização dos serviços na área licitada até 31 de dezembro de 2033, nos termos do § 2º do art. 11-B desta Lei. (Redação pela Lei nº 14.026, de 2020)

Parágrafo único. A metodologia para comprovação da capacidade econômico-financeira da contratada será regulamentada por decreto do Poder Executivo no prazo de 90 (noventa) dias. (Incluído pela Lei nº 14.026, de 2020)

Art. 11. são condições de validade dos contratos que tenham por objeto a prestação de serviços públicos de saneamento básico:

I – a existência de plano de saneamento básico;

II – a existência de estudo que comprove a viabilidade técnica e econômico-financeira da prestação dos serviços, nos termos estabelecidos no respectivo plano de saneamento básico; (Redação pela Lei nº 14.026, de 2020)

III – a existência de normas de regulação que prevejam os meios para o cumprimento das diretrizes desta Lei, incluindo a designação da entidade de regulação e de fiscalização;

IV – a realização prévia de audiência e de consulta públicas sobre o edital de licitação, no caso de concessão, e sobre a minuta do contrato.

V – a existência de metas e cronograma de universalização dos serviços de saneamento básico. (Incluído pela Lei nº 14.026, de 2020)

§ 1º Os planos de investimentos e os projetos relativos ao contrato deverão ser compatíveis com o respectivo plano de saneamento básico.

§ 2º Nos casos de serviços prestados mediante contratos de concessão ou de programa, as normas previstas no inciso III do caput deste artigo deverão prever:

I – a autorização para a contratação dos serviços, indicando os respectivos prazos e a área a ser atendida;

II – a inclusão, no contrato, das metas progressivas e graduais de expansão dos serviços, de redução progressiva e controle de perdas na distribuição de água tratada, de qualidade, de eficiência e de uso racional da água, da energia e de outros recursos naturais, em conformidade com os serviços a serem prestados e com o respectivo plano de saneamento básico; (Redação pela Lei nº 14.026, de 2020)

III – as prioridades de ação, compatíveis com as metas estabelecidas;

IV – as condições de sustentabilidade e equilíbrio econômico-financeiro da prestação dos serviços, em regime de eficiência, incluindo:

a) o sistema de cobrança e a composição de taxas e tarifas;

b) a sistemática de reajustes e de revisões de taxas e tarifas;

c) a política de subsídios;

V – mecanismos de controle social nas atividades de planejamento, regulação e fiscalização dos serviços;

VI – as hipóteses de intervenção e de retomada dos serviços.

§ 3º Os contratos não poderão conter cláusulas que prejudiquem as atividades de regulação e de fiscalização ou o acesso às informações sobre os serviços contratados.

§ 4º Na prestação regionalizada, o disposto nos incisos I a IV do caput e nos §§ 1º e 2º deste artigo poderá se referir ao conjunto de municípios por ela abrangidos.

§ 5º Fica vedada a distribuição de lucros e dividendos, do contrato em execução, pelo prestador de serviços que estiver descumprindo as metas e cronogramas estabelecidos no contrato específico da prestação de serviço público de saneamento básico. (Redação pela Lei nº 14.026, de 2020)

Art. 11-A. Na hipótese de prestação dos serviços públicos de saneamento básico por meio de contrato, o prestador de serviços poderá, além de realizar licitação e contratação de parceria público-privada, nos termos da Lei nº 11.079, de 30 de dezembro de 2004, e desde que haja previsão contratual ou autorização expressa do titular dos serviços, subdelegar o objeto contratado, observado, para a referida subdelegação, o limite de 25% (vinte e cinco por cento) do valor do contrato. (Redação pela Lei nº 14.026, de 2020)

§ 1º A subdelegação fica condicionada à comprovação técnica, por parte do prestador de serviços, do benefício em termos de eficiência e qualidade dos serviços públicos de saneamento básico. (Redação pela Lei nº 14.026, de 2020)

§ 2º Os contratos de subdelegação disporão sobre os limites da sub-rogação de direitos e obrigações do prestador de serviços pelo subdelegatário e observarão, no que couber, o disposto no § 2º do art. 11 desta Lei, bem como serão precedidos de procedimento licitatório. (Redação pela Lei nº 14.026, de 2020)

§ 3º Para a observância do princípio da modicidade tarifária aos usuários e aos consumidores, na forma da Lei nº 8.987, de 13 de fevereiro de 1995, ficam vedadas subconcessões ou subdelegações que impliquem sobreposição de custos administrativos ou gerenciais a serem pagos pelo usuário final. (Incluído pela Lei nº 14.026, de 2020)

§ 4º Os Municípios com estudos para concessões ou parcerias público-privadas em curso, pertencentes a uma região metropolitana, podem dar seguimento ao processo e efetivar a contratação respectiva, mesmo se ultrapassado o limite previsto no *caput* deste artigo, desde que tenham o contrato assinado em até 1 (um) ano. (Incluído pela Lei nº 14.026, de 2020)

§ 5º (VETADO). (Incluído pela Lei nº 14.026, de 2020)

§ 6º Para fins de aferição do limite previsto no **caput** deste artigo, o critério para definição do valor do contrato do subdelegatário deverá ser o mesmo utilizado para definição do valor do contrato do prestador do serviço. (Incluído pela Lei nº 14.026, de 2020)

§ 7º Caso o contrato do prestador do serviço não tenha valor de contrato, o faturamento anual projetado para o subdelegatário não poderá ultrapassar 25% (vinte e cinco por cento) do faturamento anual projetado para o prestador do serviço. (Incluído pela Lei nº 14.026, de 2020)

Art. 11-B. Os contratos de prestação dos serviços públicos de saneamento básico deverão definir metas de universalização que garantam o atendimento de 99% (noventa e nove por cento) da população com água potável e de 90% (noventa por cento) da população com coleta e tratamento de esgotos até 31 de dezembro de 2033, assim como metas quantitativas de não intermitência do abastecimento, de redução de perdas e de melhoria dos processos de tratamento. (Redação pela Lei nº 14.026, de 2020)

§ 1º Os contratos em vigor que não possuírem as metas de que trata o **caput** deste artigo terão até 31 de março de 2022 para viabilizar essa inclusão. (Redação pela Lei nº 14.026, de 2020)

§ 2º Contratos firmados por meio de procedimentos licitatórios que possuam metas diversas daquelas previstas no *caput* deste artigo, inclusive contratos que tratem, individualmente, de água ou de esgoto, permanecerão inalterados nos moldes licitados, e o titular do serviço deverá buscar alternativas para atingir as metas definidas no *caput* deste artigo, incluídas as seguintes: (Redação pela Lei nº 14.026, de 2020)

I – prestação direta da parcela remanescente; (Incluído pela Lei nº 14.026, de 2020)

II – licitação complementar para atingimento da totalidade da meta; e (Incluído pela Lei nº 14.026, de 2020)

III – aditamento de contratos já licitados, incluindo eventual reequilíbrio econômico-financeiro, desde que em comum acordo com a contratada. (Incluído pela Lei nº 14.026, de 2020)

§ 3º As metas de universalização deverão ser calculadas de maneira proporcional no período compreendido entre a assinatura do contrato ou do termo aditivo e o prazo previsto no *caput* deste artigo, de forma progressiva, devendo ser antecipadas caso as receitas advindas da prestação eficiente do serviço assim o permitirem, nos termos da regulamentação. (Redação pela Lei nº 14.026, de 2020)

§ 4º É facultado à entidade reguladora prever hipóteses em que o prestador poderá utilizar métodos alternativos e descentralizados para os serviços de abastecimento de água e de coleta e tratamento de esgoto em áreas rurais, remotas ou em núcleos urbanos informais consolidados, sem prejuízo da sua cobrança, com vistas a garantir a economicidade da prestação dos serviços públicos de saneamento básico. (Incluído pela Lei nº 14.026, de 2020)

§ 5º O cumprimento das metas de universalização e não intermitência do abastecimento, de redução de perdas e de melhoria dos processos de tratamento deverá ser verificado anualmente pela agência reguladora, observando-se um intervalo dos últimos 5 (cinco) anos, nos quais as metas deverão ter sido cumpridas em, pelo menos, 3 (três), e a primeira fiscalização deverá ser realizada apenas ao término do quinto ano de vigência do contrato. (Incluído pela Lei nº 14.026, de 2020)

§ 6º As metas previstas neste artigo deverão ser observadas no âmbito municipal, quando exercida a titularidade de maneira independente, ou no âmbito da prestação regionalizada, quando aplicável. (Incluído pela Lei nº 14.026, de 2020)

§ 7º No caso do não atingimento das metas, nos termos deste artigo, deverá ser iniciado procedimento administrativo pela agência reguladora com o objetivo de avaliar as ações a serem adotadas, incluídas medidas sancionatórias, com eventual declaração de caducidade da concessão, assegurado o direito à ampla defesa. (Incluído pela Lei nº 14.026, de 2020)

§ 8º Os contratos provisórios não formalizados e os vigentes prorrogados em desconformidade com os regramentos estabelecidos nesta Lei serão considerados irregulares e precários. (Incluído pela Lei nº 14.026, de 2020)

§ 9º Quando os estudos para a licitação da prestação regionalizada apontarem para a inviabilidade econômico-financeira da universalização na data referida no *caput* deste artigo, mesmo após o agrupamento de Municípios de diferentes portes, fica permitida a dilação do prazo, desde que não ultrapasse 1º de janeiro de 2040 e haja anuência prévia da agência reguladora, que, em sua análise, deverá observar o princípio da modicidade tarifária. (Incluído pela Lei nº 14.026, de 2020)

Art. 12. Nos serviços públicos de saneamento básico em que mais de um prestador execute atividade interdependente com outra, a relação entre elas deverá ser regulada por contrato e haverá entidade única encarregada das funções de regulação e de fiscalização.

§ 1º A entidade de regulação definirá, pelo menos:

I – as normas técnicas relativas à qualidade, quantidade e regularidade dos serviços prestados aos usuários e entre os diferentes prestadores envolvidos;

II – as normas econômicas e financeiras relativas às tarifas, aos subsídios e aos pagamentos por serviços prestados aos usuários e entre os diferentes prestadores envolvidos;

III – a garantia de pagamento de serviços prestados entre os diferentes prestadores dos serviços;

IV – os mecanismos de pagamento de diferenças relativas a inadimplemento dos usuários, perdas comerciais e físicas e outros créditos devidos, quando for o caso;

V – o sistema contábil específico para os prestadores que atuem em mais de um Município.

§ 2º O contrato a ser celebrado entre os prestadores de serviços a que se refere o caput deste artigo deverá conter cláusulas que estabeleçam pelo menos:

I – as atividades ou insumos contratados;

II – as condições e garantias recíprocas de fornecimento e de acesso às atividades ou insumos;

III – o prazo de vigência, compatível com as necessidades de amortização de investimentos, e as hipóteses de sua prorrogação;

IV – os procedimentos para a implantação, ampliação, melhoria e gestão operacional das atividades;

V – as regras para a fixação, o reajuste e a revisão das taxas, tarifas e outros preços públicos aplicáveis ao contrato;

VI – as condições e garantias de pagamento;

VII – os direitos e deveres sub-rogados ou os que autorizam a sub-rogação;

VIII – as hipóteses de extinção, inadmitida a alteração e a rescisão administrativas unilaterais;

IX – as penalidades a que estão sujeitas as partes em caso de inadimplemento;

X – a designação do órgão ou entidade responsável pela regulação e fiscalização das atividades ou insumos contratados.

§ 3º Inclui-se entre as garantias previstas no inciso VI do § 2º deste artigo a obrigação do contratante de destacar, nos documentos de cobrança aos usuários, o valor da remuneração dos serviços prestados pelo contratado e de realizar a respectiva arrecadação e entrega dos valores arrecadados.

§ 4º No caso de execução mediante concessão de atividades interdependentes a que se refere o caput deste artigo, deverão constar do correspondente edital de licitação as regras e os valores das tarifas e outros preços públicos a serem pagos aos demais prestadores, bem como a obrigação e a forma de pagamento.

Art. 13. Os entes da Federação, isoladamente ou reunidos em consórcios públicos, poderão instituir fundos, aos quais poderão ser destinadas, entre outros recursos, parcelas das receitas dos serviços, com a finalidade de custear, na conformidade do disposto nos respectivos planos de saneamento básico, a universalização dos serviços públicos de saneamento básico.

Parágrafo único. Os recursos dos fundos a que se refere o caput deste artigo poderão ser utilizados como fontes ou garantias em operações de crédito para financiamento dos investimentos necessários à universalização dos serviços públicos de saneamento básico.

CAPÍTULO III
DA PRESTAÇÃO REGIONALIZADA DE SERVIÇOS PÚBLICOS DE SANEAMENTO BÁSICO

Arts. 17 a 16 foram revogados pela Lei 14.026/2020.

Art. 17. O serviço regionalizado de saneamento básico poderá obedecer a plano regional de saneamento básico elaborado para o conjunto de Municípios atendidos. (Redação pela Lei nº 14.026, de 2020)

§ 1º O plano regional de saneamento básico poderá contemplar um ou mais componentes do saneamento básico, com vistas à otimização do planejamento e da prestação dos serviços. (Redação pela Lei nº 14.026, de 2020)

§ 2º As disposições constantes do plano regional de saneamento básico prevalecerão sobre aquelas constantes dos planos municipais, quando existirem. (Redação pela Lei nº 14.026, de 2020)

§ 3º O plano regional de saneamento básico dispensará a necessidade de elaboração e publicação de planos municipais de saneamento básico. (Redação pela Lei nº 14.026, de 2020)

§ 4º O plano regional de saneamento básico poderá ser elaborado com suporte de órgãos e entidades das administrações públicas federal, estaduais e municipais, além de prestadores de serviço. (Redação pela Lei nº 14.026, de 2020)

Art. 18. Os prestadores que atuem em mais de um Município ou região ou que prestem serviços públicos de saneamento básico diferentes em um mesmo Município ou região manterão sistema contábil que permita registrar e demonstrar, separadamente, os custos e as receitas de cada serviço em cada um dos Municípios ou regiões atendidas e, se for o caso, no Distrito Federal. (Redação pela Lei nº 14.026, de 2020)

Parágrafo único. Nos casos em que os contratos previstos no *caput* deste artigo se encerrarem após o prazo fixado no contrato de programa da empresa estatal ou de capital misto contratante, por vencimento ordinário ou caducidade, o ente federativo controlador da empresa delegatária da prestação de serviços públicos de saneamento básico, por ocasião da assinatura do contrato de parceria público-privada ou de subdelegação, deverá assumir esses contratos, mantidos iguais prazos e condições perante o licitante vencedor. (Redação pela Lei nº 14.026, de 2020)

Art. 18-A. O prestador dos serviços públicos de saneamento básico deve disponibilizar infraestrutura de rede até os respectivos pontos de conexão necessários à implantação dos serviços nas edificações e nas unidades imobiliárias decorrentes de incorporação imobiliária e de parcelamento de solo urbano. (Incluído pela Lei nº 14.026, de 2020)

Parágrafo único. A agência reguladora instituirá regras para que empreendedores imobiliários façam investimentos em redes de água e esgoto, identificando as situações nas quais os investimentos representam antecipação de atendimento obrigatório do operador local, fazendo jus ao ressarcimento futuro por parte da concessionária, por critérios de avaliação regulatórios, e aquelas nas quais os investimentos configuram-se como de interesse restrito do empreendedor imobiliário, situação na qual não fará jus ao ressarcimento. (Incluído pela Lei nº 14.026, de 2020)

CAPÍTULO IV
DO PLANEJAMENTO

Art. 19. A prestação de serviços públicos de saneamento básico observará plano, que poderá ser específico para cada serviço, o qual abrangerá, no mínimo:

I – diagnóstico da situação e de seus impactos nas condições de vida, utilizando sistema de indicadores sanitários, epidemiológicos, ambientais e socioeconômicos e apontando as causas das deficiências detectadas;

II – objetivos e metas de curto, médio e longo prazos para a universalização, admitidas soluções graduais e progressivas, observando a compatibilidade com os demais planos setoriais;

III – programas, projetos e ações necessárias para atingir os objetivos e as metas, de modo compatível com os respectivos planos plurianuais e com outros planos governamentais correlatos, identificando possíveis fontes de financiamento;

IV – ações para emergências e contingências;

V – mecanismos e procedimentos para a avaliação sistemática da eficiência e eficácia das ações programadas.

§ 1º Os planos de saneamento básico serão aprovados por atos dos titulares e poderão ser elaborados com base em estudos fornecidos pelos prestadores de cada serviço. (Redação pela Lei nº 14.026, de 2020)

§ 2º A consolidação e compatibilização dos planos específicos de cada serviço serão efetuadas pelos respectivos titulares.

§ 3º Os planos de saneamento básico deverão ser compatíveis com os planos das bacias hidrográficas e com planos diretores dos Municípios em que estiverem inseridos, ou com os planos de desenvolvimento urbano integrado das unidades regionais por eles abrangidas. (Redação pela Lei nº 14.026, de 2020)

§ 4º Os planos de saneamento básico serão revistos periodicamente, em prazo não superior a 10 (dez) anos. (Redação pela Lei nº 14.026, de 2020)

§ 5º Será assegurada ampla divulgação das propostas dos planos de saneamento básico e dos estudos que as fundamentem, inclusive com a realização de audiências ou consultas públicas.

§ 6º A delegação de serviço de saneamento básico não dispensa o cumprimento pelo prestador do respectivo plano de saneamento básico em vigor à época da delegação.

§ 7º Quando envolverem serviços regionalizados, os planos de saneamento básico devem ser editados em conformidade com o estabelecido no art. 14 desta Lei.

§ 8º Exceto quando regional, o plano de saneamento básico deverá englobar integralmente o território do ente da Federação que o elaborou.

§ 9º Os Municípios com população inferior a 20.000 (vinte mil) habitantes poderão apresentar planos simplificados, com menor nível de detalhamento dos aspectos previstos nos incisos I a V do *caput* deste artigo. (Redação pela Lei nº 14.026, de 2020)

Art. 20. (VETADO).

Parágrafo único. Incumbe à entidade reguladora e fiscalizadora dos serviços a verificação do cumprimento dos planos de saneamento por parte dos prestadores de serviços, na forma das disposições legais, regulamentares e contratuais.

CAPÍTULO V
DA REGULAÇÃO

Art. 21. A função de regulação, desempenhada por entidade de natureza autárquica dotada de independência decisória e autonomia administrativa, orçamentária e financeira, atenderá aos princípios de transparência, tecnicidade, celeridade e objetividade das decisões. (Redação pela Lei nº 14.026, de 2020)

I – (revogado); (Redação pela Lei nº 14.026, de 2020)

II – (revogado). (Redação pela Lei nº 14.026, de 2020)

Art. 22. São objetivos da regulação:

I – estabelecer padrões e normas para a adequada prestação e a expansão da qualidade dos serviços e para a satisfação dos usuários, com observação das normas de referência editadas pela ANA; (Redação pela Lei nº 14.026, de 2020)

II – garantir o cumprimento das condições e metas estabelecidas nos contratos de prestação de serviços e nos planos municipais ou de prestação regionalizada de saneamento básico; (Redação pela Lei nº 14.026, de 2020)

III – prevenir e reprimir o abuso do poder econômico, ressalvada a competência dos órgãos integrantes do Sistema Brasileiro de Defesa da Concorrência; e (Redação pela Lei nº 14.026, de 2020)

IV – definir tarifas que assegurem tanto o equilíbrio econômico-financeiro dos contratos quanto a modicidade tarifária, por mecanismos que gerem eficiência e eficácia dos serviços e que permitam o compartilhamento dos ganhos de produtividade com os usuários. (Redação pela Lei nº 14.026, de 2020)

Art. 23. A entidade reguladora, observadas as diretrizes determinadas pela ANA, editará normas relativas às dimensões técnica, econômica e social de prestação dos serviços públicos de saneamento básico, que abrangerão, pelo menos, os seguintes aspectos: (Redação pela Lei nº 14.026, de 2020)

I – padrões e indicadores de qualidade da prestação dos serviços;

II – requisitos operacionais e de manutenção dos sistemas;

III – as metas progressivas de expansão e de qualidade dos serviços e os respectivos prazos;

IV – regime, estrutura e níveis tarifários, bem como os procedimentos e prazos de sua fixação, reajuste e revisão;

V – medição, faturamento e cobrança de serviços;

VI – monitoramento dos custos;

VII – avaliação da eficiência e eficácia dos serviços prestados;

VIII – plano de contas e mecanismos de informação, auditoria e certificação;

IX – subsídios tarifários e não tarifários;

X – padrões de atendimento ao público e mecanismos de participação e informação;

XI – medidas de segurança, de contingência e de emergência, inclusive quanto a racionamento; (Redação pela Lei nº 14.026, de 2020)

XII – (VETADO).

XIII – procedimentos de fiscalização e de aplicação de sanções previstas nos instrumentos contratuais e na legislação do titular; e (Redação pela Lei nº 14.026, de 2020)

XIV – diretrizes para a redução progressiva e controle das perdas de água. (Incluído pela Lei nº 14.026, de 2020)

§ 1º A regulação da prestação dos serviços públicos de saneamento básico poderá ser delegada pelos titulares a qualquer entidade reguladora, e o ato de delegação explicitará a forma de atuação e a abrangência das atividades a serem desempenhadas pelas partes envolvidas. (Redação pela Lei nº 14.026, de 2020)

§ 1º-A. Nos casos em que o titular optar por aderir a uma agência reguladora em outro Estado da Federação, deverá ser considerada a relação de agências reguladoras de que trata o art. 4º-B da Lei nº 9.984, de 17 de julho de 2000, e essa opção só poderá ocorrer nos casos em que: (Incluído pela Lei nº 14.026, de 2020)

I – não exista no Estado do titular agência reguladora constituída que tenha aderido às normas de referência da ANA; (Incluído pela Lei nº 14.026, de 2020)

II – seja dada prioridade, entre as agências reguladoras qualificadas, àquela mais próxima à localidade do titular; e (Incluído pela Lei nº 14.026, de 2020)

III – haja anuência da agência reguladora escolhida, que poderá cobrar uma taxa de regulação diferenciada, de acordo com a distância de seu Estado. (Incluído pela Lei nº 14.026, de 2020)

§ 1º-B. Selecionada a agência reguladora mediante contrato de prestação de serviços, ela não poderá ser alterada até o encerramento contratual, salvo se deixar de adotar as normas de referência da ANA ou se estabelecido de acordo com o prestador de serviços. (Incluído pela Lei nº 14.026, de 2020)

§ 2º As normas a que se refere o caput deste artigo fixarão prazo para os prestadores de serviços comunicarem aos usuários as providências adotadas em face de queixas ou de reclamações relativas aos serviços.

§ 3º As entidades fiscalizadoras deverão receber e se manifestar conclusivamente sobre as reclamações que, a juízo do interessado, não tenham sido suficientemente atendidas pelos prestadores dos serviços.

§ 4º No estabelecimento de metas, indicadores e métodos de monitoramento, poderá ser utilizada a comparação do desempenho de diferentes prestadores de serviços. (Redação pela Lei nº 14.026, de 2020)

Art. 24. Em caso de gestão associada ou prestação regionalizada dos serviços, os titulares poderão adotar os mesmos critérios econômicos, sociais e técnicos da regulação em toda a área de abrangência da associação ou da prestação.

Art. 25. Os prestadores de serviços públicos de saneamento básico deverão fornecer à entidade reguladora todos os dados e informações necessários para o desempenho de suas atividades, na forma das normas legais, regulamentares e contratuais.

§ 1º Incluem-se entre os dados e informações a que se refere o caput deste artigo aquelas produzidas por empresas ou profissionais contratados para executar serviços ou fornecer materiais e equipamentos específicos.

§ 2º Compreendem-se nas atividades de regulação dos serviços de saneamento básico a interpretação e a fixação de critérios para a fiel execução dos contratos, dos serviços e para a correta administração de subsídios.

Art. 25-A. A ANA instituirá normas de referência para a regulação da prestação dos serviços públicos de saneamento básico por seus titulares e suas entidades reguladoras e fiscalizadoras, observada a legislação federal pertinente. (Redação pela Lei nº 14.026, de 2020)

Art. 26. Deverá ser assegurado publicidade aos relatórios, estudos, decisões e instrumentos equivalentes que se refiram à regulação ou à fiscalização dos serviços, bem como aos direitos e deveres dos usuários e prestadores, a eles podendo ter acesso qualquer do povo, independentemente da existência de interesse direto.

§ 1º Excluem-se do disposto no caput deste artigo os documentos considerados sigilosos em razão de interesse público relevante, mediante prévia e motivada decisão.

§ 2º A publicidade a que se refere o caput deste artigo deverá se efetivar, preferencialmente, por meio de sítio mantido na rede mundial de computadores – internet.

Art. 27. É assegurado aos usuários de serviços públicos de saneamento básico, na forma das normas legais, regulamentares e contratuais:

I – amplo acesso a informações sobre os serviços prestados;

II – prévio conhecimento dos seus direitos e deveres e das penalidades a que podem estar sujeitos;

III – acesso a manual de prestação do serviço e de atendimento ao usuário, elaborado pelo prestador e aprovado pela respectiva entidade de regulação;

IV – acesso a relatório periódico sobre a qualidade da prestação dos serviços.

Art. 28. (VETADO).

CAPÍTULO VI
DOS ASPECTOS ECONÔMICOS E SOCIAIS

Art. 29. Os serviços públicos de saneamento básico terão a sustentabilidade econômico-financeira assegurada por meio de remuneração pela cobrança dos serviços, e, quando necessário, por outras formas adicionais, como subsídios ou subvenções, vedada a cobrança em duplicidade de custos administrativos ou gerenciais a serem pagos pelo usuário, nos seguintes serviços: (Redação pela Lei nº 14.026, de 2020)

I – de abastecimento de água e esgotamento sanitário, na forma de taxas, tarifas e outros preços públicos, que poderão ser estabelecidos para cada um dos serviços ou para ambos, conjuntamente; (Redação pela Lei nº 14.026, de 2020)

II – de limpeza urbana e manejo de resíduos sólidos, na forma de taxas, tarifas e outros preços públicos, conforme o regime de prestação do serviço ou das suas atividades; e (Redação pela Lei nº 14.026, de 2020)

III – de drenagem e manejo de águas pluviais urbanas, na forma de tributos, inclusive taxas, ou tarifas e outros preços públicos, em conformidade com o regime de prestação do serviço ou das suas atividades. (Redação pela Lei nº 14.026, de 2020)

§ 1º Observado o disposto nos incisos I a III do caput deste artigo, a instituição das tarifas, preços públicos e taxas para os serviços de saneamento básico observará as seguintes diretrizes:

I – prioridade para atendimento das funções essenciais relacionadas à saúde pública;

II – ampliação do acesso dos cidadãos e localidades de baixa renda aos serviços;

III – geração dos recursos necessários para realização dos investimentos, objetivando o cumprimento das metas e objetivos do serviço;

IV – inibição do consumo supérfluo e do desperdício de recursos;

V – recuperação dos custos incorridos na prestação do serviço, em regime de eficiência;

VI – remuneração adequada do capital investido pelos prestadores dos serviços;

VII – estímulo ao uso de tecnologias modernas e eficientes, compatíveis com os níveis exigidos de qualidade, continuidade e segurança na prestação dos serviços;

VIII – incentivo à eficiência dos prestadores dos serviços.

§ 2º Poderão ser adotados subsídios tarifários e não tarifários para os usuários que não tenham capacidade de pagamento suficiente para cobrir o custo integral dos serviços. (Redação pela Lei nº 14.026, de 2020)

§ 3º As novas edificações condominiais adotarão padrões de sustentabilidade ambiental que incluam, entre outros procedimentos, a medição individualizada do consumo hídrico por unidade imobiliária, nos termos da Lei nº 13.312, de 12 de julho de 2016. (Incluído pela Lei nº 14.026, de 2020)

§ 4º Na hipótese de prestação dos serviços sob regime de concessão, as tarifas e preços públicos serão arrecadados pelo prestador diretamente do usuário, e essa arrecadação será facultativa em caso de taxas. (Incluído pela Lei nº 14.026, de 2020)

§ 5º Os prédios, edifícios e condomínios que foram construídos sem a individualização da medição até a entrada em vigor da Lei nº 13.312, de 12 de julho de 2016, ou em que a individualização for inviável, pela onerosidade ou por razão técnica, poderão instrumentalizar contratos especiais com os prestadores de serviços, nos quais serão estabelecidos as responsabilidades, os critérios de rateio e a forma de cobrança. (Incluído pela Lei nº 14.026, de 2020)

Art. 30. Observado o disposto no art. 29 desta Lei, a estrutura de remuneração e de cobrança dos serviços públicos de saneamento básico considerará os seguintes fatores: (Redação pela Lei nº 14.026, de 2020)

I – categorias de usuários, distribuídas por faixas ou quantidades crescentes de utilização ou de consumo;

II – padrões de uso ou de qualidade requeridos;

III – quantidade mínima de consumo ou de utilização do serviço, visando à garantia de objetivos sociais, como a preservação da saúde pública, o adequado atendimento dos usuários de menor renda e a proteção do meio ambiente;

IV – custo mínimo necessário para disponibilidade do serviço em quantidade e qualidade adequadas;

V – ciclos significativos de aumento da demanda dos serviços, em períodos distintos; e

VI – capacidade de pagamento dos consumidores.

Art. 31. Os subsídios destinados ao atendimento de usuários determinados de baixa renda serão, dependendo da origem dos recursos: (Redação pela Lei nº 14.026, de 2020)

I – (revogado); (Redação pela Lei nº 14.026, de 2020)

II – tarifários, quando integrarem a estrutura tarifária, ou fiscais, quando decorrerem da alocação de recursos orçamentários, inclusive por meio de subvenções; e (Redação pela Lei nº 14.026, de 2020)

III – internos a cada titular ou entre titulares, nas hipóteses de prestação regionalizada. (Redação pela Lei nº 14.026, de 2020)

Art. 32. (VETADO).

Art. 33. (VETADO).

Art. 34. (VETADO).

Art. 35. As taxas ou as tarifas decorrentes da prestação de serviço de limpeza urbana e de manejo de resíduos sólidos considerarão a destinação adequada dos resíduos coletados e o nível de renda da população da área atendida, de forma isolada ou combinada, e poderão, ainda, considerar: (Redação pela Lei nº 14.026, de 2020)

I – (revogado); (Redação pela Lei nº 14.026, de 2020)

II – as características dos lotes e as áreas que podem ser neles edificadas; (Redação pela Lei nº 14.026, de 2020)

III – o peso ou o volume médio coletado por habitante ou por domicílio.

IV – o consumo de água; e (Redação pela Lei nº 14.026, de 2020)

V – a frequência de coleta. (Incluído pela Lei nº 14.026, de 2020)

§ 1º Na hipótese de prestação de serviço sob regime de delegação, a cobrança de taxas ou tarifas poderá ser realizada na fatura de consumo de outros serviços públicos, com a anuência da prestadora do serviço. (Redação pela Lei nº 14.026, de 2020)

§ 2º A não proposição de instrumento de cobrança pelo titular do serviço nos termos deste artigo, no prazo de 12 (doze) meses de vigência desta Lei, configura renúncia de receita e exigirá a comprovação de atendimento, pelo titular do serviço, do disposto no art. 14 da Lei Complementar nº 101, de 4 de maio de 2000, observadas as penalidades constantes da referida legislação no caso de eventual descumprimento. (Redação pela Lei nº 14.026, de 2020)

§ 3º Na hipótese de prestação sob regime de delegação, o titular do serviço deverá obrigatoriamente demonstrar a sustentabilidade econômico-financeira da prestação dos serviços ao longo dos estudos que subsidiaram a contratação desses serviços e deverá comprovar, no respectivo processo administrativo, a existência de recursos suficientes para o pagamento dos valores incorridos na delegação, por meio da demonstração de fluxo histórico e projeção futura de recursos. (Redação pela Lei nº 14.026, de 2020)

Art. 36. A cobrança pela prestação do serviço público de drenagem e manejo de águas pluviais urbanas deve levar em conta, em cada lote urbano, os percentuais de impermeabilização e a existência de dispositivos de amortecimento ou de retenção de água de chuva, bem como poderá considerar:

I – o nível de renda da população da área atendida;

II – as características dos lotes urbanos e as áreas que podem ser neles edificadas.

Art. 37. Os reajustes de tarifas de serviços públicos de saneamento básico serão realizados observando-se o intervalo mínimo de 12 (doze) meses, de acordo com as normas legais, regulamentares e contratuais.

Art. 38. As revisões tarifárias compreenderão a reavaliação das condições da prestação dos serviços e das tarifas praticadas e poderão ser:

I – periódicas, objetivando a distribuição dos ganhos de produtividade com os usuários e a reavaliação das condições de mercado;

II – extraordinárias, quando se verificar a ocorrência de fatos não previstos no contrato, fora do controle do prestador dos serviços, que alterem o seu equilíbrio econômico-financeiro.

§ 1º As revisões tarifárias terão suas pautas definidas pelas respectivas entidades reguladoras, ouvidos os titulares, os usuários e os prestadores dos serviços.

§ 2º Poderão ser estabelecidos mecanismos tarifários de indução à eficiência, inclusive fatores de produtividade, assim como de antecipação de metas de expansão e qualidade dos serviços.

§ 3º Os fatores de produtividade poderão ser definidos com base em indicadores de outras empresas do setor.

§ 4º A entidade de regulação poderá autorizar o prestador de serviços a repassar aos usuários custos e encargos tributários não previstos originalmente e por ele não administrados, nos termos da Lei nº 8.987, de 13 de fevereiro de 1995.

Art. 39. As tarifas serão fixadas de forma clara e objetiva, devendo os reajustes e as revisões serem tornados públicos com antecedência mínima de 30 (trinta) dias com relação à sua aplicação.

Parágrafo único. A fatura a ser entregue ao usuário final deverá obedecer a modelo estabelecido pela entidade reguladora, que definirá os itens e custos que deverão estar explicitados.

Art. 40. Os serviços poderão ser interrompidos pelo prestador nas seguintes hipóteses:

I – situações de emergência que atinjam a segurança de pessoas e bens;

II – necessidade de efetuar reparos, modificações ou melhorias de qualquer natureza nos sistemas, respeitados os padrões de qualidade e continuidade estabelecidos pela regulação do serviço; (Redação pela Lei nº 14.026, de 2020)

III – negativa do usuário em permitir a instalação de dispositivo de leitura de água consumida, após ter sido previamente notificado a respeito;

IV – manipulação indevida de qualquer tubulação, medidor ou outra instalação do prestador, por parte do usuário; e

V – inadimplemento, pelo usuário do serviço de abastecimento de água ou de esgotamento sanitário, do pagamento das tarifas, após ter sido formalmente notificado, de forma que, em caso de coleta, afastamento e tratamento de esgoto, a interrupção dos serviços deverá preservar as condições mínimas de manutenção da saúde dos usuários, de acordo com norma de regulação ou norma do órgão de política ambiental. (Incluído pela Lei nº 14.026, de 2020)

§ 1º As interrupções programadas serão previamente comunicadas ao regulador e aos usuários.

§ 2º A suspensão dos serviços prevista nos incisos III e V do caput deste artigo será precedida de prévio aviso ao usuário, não inferior a 30 (trinta) dias da data prevista para a suspensão.

§ 3º A interrupção ou a restrição do fornecimento de água por inadimplência a estabelecimentos de saúde, a instituições educacionais e de internação coletiva de pessoas e a usuário residencial de baixa renda beneficiário de tarifa social deverá obedecer a prazos e critérios que preservem condições mínimas de manutenção da saúde das pessoas atingidas.

Art. 41. Desde que previsto nas normas de regulação, grandes usuários poderão negociar suas tarifas com o prestador dos serviços, mediante contrato específico, ouvido previamente o regulador.

Art. 42. Os valores investidos em bens reversíveis pelos prestadores constituirão créditos perante o titular, a serem recuperados mediante a exploração dos serviços, nos termos das normas regulamentares e contratuais e, quando for o caso, observada a legislação pertinente às sociedades por ações.

§ 1º Não gerarão crédito perante o titular os investimentos feitos sem ônus para o prestador, tais como os decorrentes de exigência legal aplicável à implantação de empreendimentos imobiliários e os provenientes de subvenções ou transferências fiscais voluntárias.

§ 2º Os investimentos realizados, os valores amortizados, a depreciação e os respectivos saldos serão anualmente auditados e certificados pela entidade reguladora.

§ 3º Os créditos decorrentes de investimentos devidamente certificados poderão constituir garantia de empréstimos aos delegatários, destinados exclusivamente a investimentos nos sistemas de saneamento objeto do respectivo contrato.

§ 4º (VETADO).

§ 5º A transferência de serviços de um prestador para outro será condicionada, em qualquer hipótese, à indenização dos investimentos vinculados a bens reversíveis ainda não amortizados ou depreciados, nos termos da Lei nº 8.987, de 13 de fevereiro de 1995, facultado ao titular atribuir ao prestador que assumirá o serviço a responsabilidade por seu pagamento. (Incluído pela Lei nº 14.026, de 2020)

CAPÍTULO VII
DOS ASPECTOS TÉCNICOS

Art. 43. A prestação dos serviços atenderá a requisitos mínimos de qualidade, incluindo a regularidade, a continuidade e aqueles relativos aos produtos oferecidos, ao atendimento dos usuários e às condições operacionais e de manutenção dos sistemas, de acordo com as normas regulamentares e contratuais.

§ 1º A União definirá parâmetros mínimos de potabilidade da água. (Redação pela Lei nº 14.026, de 2020)

§ 2º A entidade reguladora estabelecerá limites máximos de perda na distribuição de água tratada, que poderão ser reduzidos gradualmente, conforme se verifiquem avanços tecnológicos e maiores investimentos em medidas para diminuição desse desperdício. (Redação pela Lei nº 14.026, de 2020)

Art. 44. O licenciamento ambiental de unidades de tratamento de esgotos sanitários, de efluentes gerados nos processos de tratamento de água e das instalações integrantes dos serviços públicos de manejo de resíduos sólidos considerará os requisitos de eficácia e eficiência, a fim de alcançar progressivamente os padrões estabelecidos pela legislação ambiental, ponderada a capacidade de pagamento das populações e usuários envolvidos. (Redação pela Lei nº 14.026, de 2020)

§ 1º A autoridade ambiental competente assegurará prioridade e estabelecerá procedimentos simplificados de licenciamento para as atividades a que se refere o **caput** deste artigo, em função do porte das unidades, dos impactos ambientais esperados e da resiliência de sua área de implantação. (Redação pela Lei nº 14.026, de 2020)

§ 2º A autoridade ambiental competente estabelecerá metas progressivas para que a qualidade dos efluentes de unidades de tratamento de esgotos sanitários atenda aos padrões das classes dos corpos hídricos em que forem lançados, a partir dos níveis presentes de tratamento e considerando a capacidade de pagamento das populações e usuários envolvidos.

§ 3º A agência reguladora competente estabelecerá metas progressivas para a substituição do sistema unitário pelo sistema separador absoluto, sendo obrigatório o tratamento dos esgotos coletados em períodos de estiagem, enquanto durar a transição. (Incluído pela Lei nº 14.026, de 2020)

Art. 45. As edificações permanentes urbanas serão conectadas às redes públicas de abastecimento de água e de esgotamento sanitário disponíveis e sujeitas ao pagamento de taxas, tarifas e outros preços públicos decorrentes da disponibilização e da manutenção da infraestrutura e do uso desses serviços. (Redação pela Lei nº 14.026, de 2020)

§ 1º Na ausência de redes públicas de saneamento básico, serão admitidas soluções individuais de abastecimento de água e de afastamento e destinação final dos esgotos sanitários, observadas as normas editadas pela entidade reguladora e pelos órgãos responsáveis pelas políticas ambiental, sanitária e de recursos hídricos.

§ 2º A instalação hidráulica predial ligada à rede pública de abastecimento de água não poderá ser também alimentada por outras fontes.

§ 3º A instalação hidráulica predial prevista no § 2º deste artigo constitui a rede ou tubulação que se inicia na ligação de água da prestadora e finaliza no reservatório de água do usuário. (Redação pela Lei nº 14.026, de 2020)

§ 4º Quando disponibilizada rede pública de esgotamento sanitário, o usuário estará sujeito aos pagamentos previstos no **caput** deste artigo, sendo-lhe assegurada a cobrança de um valor mínimo de utilização dos serviços, ainda que a sua edificação não esteja conectada à rede pública. (Redação pela Lei nº 14.026, de 2020)

§ 5º O pagamento de taxa ou de tarifa, na forma prevista no *caput* deste artigo, não isenta o usuário da obrigação de conectar-se à rede pública de esgotamento sanitário, e o descumprimento dessa obrigação sujeita o usuário ao pagamento de multa e demais sanções previstas na legislação, ressalvados os casos de reúso e de captação de água de chuva, nos termos do regulamento. (Redação pela Lei nº 14.026, de 2020)

§ 6º A entidade reguladora ou o titular dos serviços públicos de saneamento básico deverão estabelecer prazo não superior a 1 (um) ano para que os usuários conectem suas edificações à rede de esgotos, onde disponível, sob pena de o prestador do serviço realizar a conexão mediante cobrança do usuário. (Redação pela Lei nº 14.026, de 2020)

§ 7º A entidade reguladora ou o titular dos serviços públicos de saneamento básico deverá, sob pena de responsabilidade administrativa, contratual e ambiental, até 31 de dezembro de 2025, verificar e aplicar o procedimento previsto no § 6º deste artigo a todas as edificações implantadas na área coberta com serviço de esgotamento sanitário. (Redação pela Lei nº 14.026, de 2020)

§ 8º O serviço de conexão de edificação ocupada por família de baixa renda à rede de esgotamento sanitário poderá gozar de gratuidade, ainda que os serviços públicos de saneamento básico sejam prestados mediante concessão, observado, quando couber, o reequilíbrio econômico-financeiro dos contratos. (Incluído pela Lei nº 14.026, de 2020)

§ 9º Para fins de concessão da gratuidade prevista no § 8º deste artigo, caberá ao titular regulamentar os critérios para enquadramento das famílias de baixa renda, consideradas as peculiaridades locais e regionais. (Incluído pela Lei nº 14.026, de 2020)

§ 10. A conexão de edificações situadas em núcleo urbano, núcleo urbano informal e núcleo urbano informal consolidado observará o disposto na Lei nº 13.465, de 11 de julho de 2017. (Incluído pela Lei nº 14.026, de 2020)

§ 11. As edificações para uso não residencial ou condomínios regidos pela Lei nº 4.591, de 16 de dezembro de 1964, poderão utilizarse de fontes e métodos alternativos de abastecimento de água, incluindo águas subterrâneas, de reúso ou pluviais, desde que autorizados pelo órgão gestor competente e que promovam o pagamento pelo uso de recursos hídricos, quando devido. (Incluído pela Lei nº 14.026, de 2020)

§ 12. Para a satisfação das condições descritas no § 11 deste artigo, os usuários deverão instalar medidor para contabilizar o seu consumo e deverão arcar apenas com o pagamento pelo uso da rede de coleta e tratamento de esgoto na quantidade equivalente ao volume de água captado. (Incluído pela Lei nº 14.026, de 2020)

Art. 46. Em situação crítica de escassez ou contaminação de recursos hídricos que obrigue à adoção de racionamento, declarada pela autoridade gestora de recursos hídricos, o ente regulador poderá adotar mecanismos tarifários de contingência, com objetivo de cobrir custos adicionais decorrentes, garantindo o equilíbrio financeiro da prestação do serviço e a gestão da demanda.

Parágrafo único. Sem prejuízo da adoção dos mecanismos a que se refere o *caput* deste artigo, a ANA poderá recomendar, independentemente da dominialidade dos corpos hídricos que formem determinada bacia hidrográfica, a restrição ou a interrupção do uso de recursos hídricos e a prioridade do uso para o consumo humano e para a dessedentação de animais. (Redação pela Lei nº 14.026, de 2020)

Art. 46-A. (VETADO) (Redação pela Lei nº 14.026, de 2020)

CAPÍTULO VIII
DA PARTICIPAÇÃO DE ÓRGÃOS COLEGIADOS NO CONTROLE SOCIAL

Art. 47. O controle social dos serviços públicos de saneamento básico poderá incluir a participação de órgãos colegiados de caráter consultivo, nacional, estaduais, distrital e municipais, em especial o Conselho Nacional de Recursos Hídricos, nos termos da Lei nº 9.433, de 8 de janeiro de 1997, assegurada a representação: (Redação pela Lei nº 14.026, de 2020)

I – dos titulares dos serviços;

II – de órgãos governamentais relacionados ao setor de saneamento básico;

III – dos prestadores de serviços públicos de saneamento básico;

IV – dos usuários de serviços de saneamento básico;

V – de entidades técnicas, organizações da sociedade civil e de defesa do consumidor relacionadas ao setor de saneamento básico.

§ 1º As funções e competências dos órgãos colegiados a que se refere o caput deste artigo poderão ser exercidas por órgãos colegiados já existentes, com as devidas adaptações das leis que os criaram.

§ 2º No caso da União, a participação a que se refere o caput deste artigo será exercida nos termos da Medida Provisória nº 2.220, de 4 de setembro de 2001, alterada pela Lei nº 10.683, de 28 de maio de 2003.

CAPÍTULO IX
DA POLÍTICA FEDERAL DE SANEAMENTO BÁSICO

Art. 48. A União, no estabelecimento de sua política de saneamento básico, observará as seguintes diretrizes:

I – prioridade para as ações que promovam a eqüidade social e territorial no acesso ao saneamento básico;

II – aplicação dos recursos financeiros por ela administrados de modo a promover o desenvolvimento sustentável, a eficiência e a eficácia;

III – uniformização da regulação do setor e divulgação de melhores práticas, conforme o disposto na Lei nº 9.984, de 17 de julho de 2000; (Redação pela Lei nº 14.026, de 2020)

IV – utilização de indicadores epidemiológicos e de desenvolvimento social no planejamento, implementação e avaliação das suas ações de saneamento básico;

V – melhoria da qualidade de vida e das condições ambientais e de saúde pública;

VI – colaboração para o desenvolvimento urbano e regional;

VII – garantia de meios adequados para o atendimento da população rural, por meio da utilização de soluções compatíveis com as suas características econômicas e sociais peculiares; (Redação pela Lei nº 14.026, de 2020)

VIII – fomento ao desenvolvimento científico e tecnológico, à adoção de tecnologias apropriadas e à difusão dos conhecimentos gerados;

IX – adoção de critérios objetivos de elegibilidade e prioridade, considerados fatores como nível de renda e cobertura, grau de urbanização, concentração populacional, porte populacional municipal, áreas rurais e comunidades tradicionais e indígenas, disponibilidade hídrica e riscos sanitários, epidemiológicos e ambientais; (Redação pela Lei nº 14.026, de 2020)

X – adoção da bacia hidrográfica como unidade de referência para o planejamento de suas ações;

XI – estímulo à implementação de infra-estruturas e serviços comuns a Municípios, mediante mecanismos de cooperação entre entes federados.

XII – redução progressiva e controle das perdas de água, inclusive na distribuição da água tratada, estímulo à racionalização de seu consumo pelos usuários e fomento à eficiência energética, ao reúso de efluentes sanitários e ao aproveitamento de águas de chuva, em conformidade com as demais normas ambientais e de saúde pública; (Redação pela Lei nº 14.026, de 2020)

XIII – estímulo ao desenvolvimento e ao aperfeiçoamento de equipamentos e métodos economizadores de água; (Redação pela Lei nº 14.026, de 2020)

XIV – promoção da segurança jurídica e da redução dos riscos regulatórios, com vistas a estimular investimentos públicos e privados; (Redação pela Lei nº 14.026, de 2020)

XV – estímulo à integração das bases de dados; (Redação pela Lei nº 14.026, de 2020)

XVI – acompanhamento da governança e da regulação do setor de saneamento; e (Incluído pela Lei nº 14.026, de 2020)

XVII – prioridade para planos, programas e projetos que visem à implantação e à ampliação dos serviços e das ações de saneamento básico integrado, nos termos desta Lei. (Incluído pela Lei nº 14.026, de 2020)

Parágrafo único. As políticas e ações da União de desenvolvimento urbano e regional, de habitação, de combate e erradicação da pobreza, de proteção ambiental, de promoção da saúde, de recursos hídricos e outras de relevante interesse social direcionadas à melhoria da qualidade de vida devem considerar a necessária articulação, inclusive no que se refere ao financiamento e à governança, com o saneamento básico. (Redação pela Lei nº 14.026, de 2020)

Art. 48-A. Em programas habitacionais públicos federais ou subsidiados com recursos públicos federais, o sistema de esgotamento sanitário deverá ser interligado à rede existente, ressalvadas as hipóteses do § 4º do art. 11-B desta Lei. (Redação pela Lei nº 14.026, de 2020)

Art. 49. São objetivos da Política Federal de Saneamento Básico:

I – contribuir para o desenvolvimento nacional, a redução das desigualdades regionais, a geração de emprego e de renda, a inclusão social e a promoção da saúde pública; (Redação pela Lei nº 14.026, de 2020)

II – priorizar planos, programas e projetos que visem à implantação e à ampliação dos serviços e das ações de saneamento básico nas áreas ocupadas por populações de baixa renda, incluídos os núcleos urbanos informais consolidados, quando não se encontrarem em situação de risco; (Redação pela Lei nº 14.026, de 2020)

III – proporcionar condições adequadas de salubridade ambiental aos povos indígenas e outras populações tradicionais, com soluções compatíveis com suas características socioculturais;

IV – proporcionar condições adequadas de salubridade ambiental às populações rurais e às pequenas comunidades; (Redação pela Lei nº 14.026, de 2020)

V – assegurar que a aplicação dos recursos financeiros administrados pelo poder público dê-se segundo critérios de promoção da salubridade ambiental, de maximização da relação benefício-custo e de maior retorno social;

VI – incentivar a adoção de mecanismos de planejamento, regulação e fiscalização da prestação dos serviços de saneamento básico;

VII – promover alternativas de gestão que viabilizem a auto-sustentação econômica e financeira dos serviços de saneamento básico, com ênfase na cooperação federativa;

VIII – promover o desenvolvimento institucional do saneamento básico, estabelecendo meios para a unidade e articulação das ações dos diferentes agentes, bem como do desenvolvimento de sua organização, capacidade técnica, gerencial, financeira e de recursos humanos, contempladas as especificidades locais;

IX – fomentar o desenvolvimento científico e tecnológico, a adoção de tecnologias apropriadas e a difusão dos conhecimentos gerados de interesse para o saneamento básico;

X – minimizar os impactos ambientais relacionados à implantação e desenvolvimento das ações, obras e serviços de saneamento básico e assegurar que sejam executadas de acordo com as normas relativas à proteção do meio ambiente, ao uso e ocupação do solo e à saúde.

XI – incentivar a adoção de equipamentos sanitários que contribuam para a redução do consumo de água; (Incluído pela Lei nº 12.862, de 2013)

XII – promover educação ambiental destinada à economia de água pelos usuários; (Redação pela Lei nº 14.026, de 2020)

XIII – promover a capacitação técnica do setor; (Redação pela Lei nº 14.026, de 2020)

XIV – promover a regionalização dos serviços, com vistas à geração de ganhos de escala, por meio do apoio à formação dos blocos de referência e à obtenção da sustentabilidade econômica financeira do bloco; (Incluído pela Lei nº 14.026, de 2020)

XV – promover a concorrência na prestação dos serviços; e (Incluído pela Lei nº 14.026, de 2020)

XVI – priorizar, apoiar e incentivar planos, programas e projetos que visem à implantação e à ampliação dos serviços e das ações de saneamento integrado, nos termos desta Lei. (Incluído pela Lei nº 14.026, de 2020)

Art. 50. A alocação de recursos públicos federais e os financiamentos com recursos da União ou com recursos geridos ou operados por órgãos ou entidades da União serão feitos em conformidade com as diretrizes e objetivos estabelecidos nos arts. 48 e 49 desta Lei e com os planos de saneamento básico e condicionados:

I – ao alcance de índices mínimos de:

a) desempenho do prestador na gestão técnica, econômica e financeira dos serviços; e (Redação pela Lei nº 14.026, de 2020)

b) eficiência e eficácia na prestação dos serviços públicos de saneamento básico; (Redação pela Lei nº 14.026, de 2020)

II – à operação adequada e à manutenção dos empreendimentos anteriormente financiados com os recursos mencionados no *caput* deste artigo; (Redação pela Lei nº 14.026, de 2020)

III – à observância das normas de referência para a regulação da prestação dos serviços públicos de saneamento básico expedidas pela ANA; (Redação pela Lei nº 14.026, de 2020)

IV – ao cumprimento de índice de perda de água na distribuição, conforme definido em ato do Ministro de Estado do Desenvolvimento Regional; (Redação pela Lei nº 14.026, de 2020)

V – ao fornecimento de informações atualizadas para o Sinisa, conforme critérios, métodos e periodicidade estabelecidos pelo Ministério do Desenvolvimento Regional; (Redação pela Lei nº 14.026, de 2020)

VI – à regularidade da operação a ser financiada, nos termos do inciso XIII do *caput* do art. 3º desta Lei; (Incluído pela Lei nº 14.026, de 2020)

VII – à estruturação de prestação regionalizada; (Incluído pela Lei nº 14.026, de 2020)

VIII – à adesão pelos titulares dos serviços públicos de saneamento básico à estrutura de governança correspondente em até 180 (cento e oitenta) dias contados de sua instituição, nos casos de unidade regional de saneamento básico, blocos de referência e gestão associada; e (Incluído pela Lei nº 14.026, de 2020)

IX – à constituição da entidade de governança federativa no prazo estabelecido no inciso VIII do **caput** deste artigo. (Incluído pela Lei nº 14.026, de 2020)

§ 1º Na aplicação de recursos não onerosos da União, serão priorizados os investimentos de capital que viabilizem a prestação de serviços regionalizada, por meio de blocos regionais, quando a sua sustentabilidade econômico-financeira não for possível apenas com recursos oriundos de tarifas ou taxas, mesmo após agrupamento com outros Municípios do Estado, e os investimentos que visem ao atendimento dos Municípios com maiores déficits de saneamento cuja população não tenha capacidade de pagamento compatível com a viabilidade econômico-financeira dos serviços. (Redação pela Lei nº 14.026, de 2020)

§ 2º A União poderá instituir e orientar a execução de programas de incentivo à execução de projetos de interesse social na área de saneamento básico com participação de investidores privados, mediante operações estruturadas de financiamentos realizados com recursos de fundos privados de investimento, de capitalização ou de previdência complementar, em condições compatíveis com a natureza essencial dos serviços públicos de saneamento básico.

§ 3º É vedada a aplicação de recursos orçamentários da União na administração, operação e manutenção de serviços públicos de saneamento básico não administrados por órgão ou entidade federal, salvo por prazo determinado em situações de eminente risco à saúde pública e ao meio ambiente.

§ 4º Os recursos não onerosos da União, para subvenção de ações de saneamento básico promovidas pelos demais entes da Federação, serão sempre transferidos para Municípios, o Distrito Federal ou Estados.

§ 5º No fomento à melhoria da prestação dos serviços públicos de saneamento básico, a União poderá conceder benefícios ou incentivos orçamentários, fiscais ou creditícios como contrapartida ao alcance de metas de desempenho operacional previamente estabelecidas. (Redação pela Lei nº 14.026, de 2020)

§ 6º A exigência prevista na alínea a do inciso I do caput deste artigo não se aplica à destinação de recursos para programas de desenvolvimento institucional do operador de serviços públicos de saneamento básico.

§ 7º (VETADO).

§ 8º A manutenção das condições e do acesso aos recursos referidos no *caput* deste artigo dependerá da continuidade da observância dos atos normativos e da conformidade dos órgãos e das entidades reguladoras ao disposto no inciso III do **caput** deste artigo. (Redação pela Lei nº 14.026, de 2020)

§ 9º A restrição de acesso a recursos públicos federais e a financiamentos decorrente do descumprimento do inciso III do *caput* deste artigo não afetará os contratos celebrados anteriormente à sua instituição e as respectivas previsões de desembolso. (Incluído pela Lei nº 14.026, de 2020)

§ 10. O disposto no inciso III do *caput* deste artigo não se aplica às ações de saneamento básico em: (Incluído pela Lei nº 14.026, de 2020)

I – áreas rurais; (Incluído pela Lei nº 14.026, de 2020)

II – comunidades tradicionais, incluídas áreas quilombolas; e (Incluído pela Lei nº 14.026, de 2020)

III – terras indígenas. (Incluído pela Lei nº 14.026, de 2020)

§ 11. A União poderá criar cursos de capacitação técnica dos gestores públicos municipais, em consórcio ou não com os Estados, para a elaboração e implementação dos planos de saneamento básico. (Incluído pela Lei nº 14.026, de 2020)

§ 12. (VETADO). (Incluído pela Lei nº 14.026, de 2020)

Art. 51. O processo de elaboração e revisão dos planos de saneamento básico deverá prever sua divulgação em conjunto com os estudos que os fundamentarem, o recebimento de sugestões e críticas por meio de consulta ou audiência pública e, quando previsto na legislação do titular, análise e opinião por órgão colegiado criado nos termos do art. 47 desta Lei.

Parágrafo único. A divulgação das propostas dos planos de saneamento básico e dos estudos que as fundamentarem dar-se-á por meio da disponibilização integral de seu teor a todos os interessados, inclusive por meio da internet e por audiência pública.

Art. 52. A União elaborará, sob a coordenação do Ministério do Desenvolvimento Regional: (Redação pela Lei nº 14.026, de 2020)

I – o Plano Nacional de Saneamento Básico, que conterá: (Redação pela Lei nº 14.026, de 2020)

a) os objetivos e metas nacionais e regionalizadas, de curto, médio e longo prazos, para a universalização dos serviços de saneamento básico e o alcance de níveis crescentes de saneamento básico no território nacional, observando a compatibilidade com os demais planos e políticas públicas da União;

b) as diretrizes e orientações para o equacionamento dos condicionantes de natureza político-institucional, legal e jurídica, econômico-financeira, administrativa, cultural e tecnológica com impacto na consecução das metas e objetivos estabelecidos;

c) a proposição de programas, projetos e ações necessários para atingir os objetivos e as metas da política federal de saneamento básico, com identificação das fontes de financiamento, de forma a ampliar os investimentos públicos e privados no setor; (Redação pela Lei nº 14.026, de 2020)

d) as diretrizes para o planejamento das ações de saneamento básico em áreas de especial interesse turístico;

e) os procedimentos para a avaliação sistemática da eficiência e eficácia das ações executadas;

II – planos regionais de saneamento básico, elaborados e executados em articulação com os Estados, Distrito Federal e Municípios envolvidos para as regiões integradas de desenvolvimento econômico ou nas que haja a participação de órgão ou entidade federal na prestação de serviço público de saneamento básico.

§ 1º O Plano Nacional de Saneamento Básico deverá: (Redação pela Lei nº 14.026, de 2020)

I – abranger o abastecimento de água, o esgotamento sanitário, o manejo de resíduos sólidos e o manejo de águas pluviais e outras ações de saneamento básico de interesse para a melhoria da salubridade ambiental, incluindo o provimento de banheiros e unidades hidrossanitárias para populações de baixa renda;

II – tratar especificamente das ações da União relativas ao saneamento básico nas áreas indígenas, nas reservas extrativistas da União e nas comunidades quilombolas.

III – contemplar programa específico para ações de saneamento básico em áreas rurais; (Redação pela Lei nº 14.026, de 2020)

IV – contemplar ações específicas de segurança hídrica; e (Redação pela Lei nº 14.026, de 2020)

V – contemplar ações de saneamento básico em núcleos urbanos informais ocupados por populações de baixa renda, quando estes forem consolidados e não se encontrarem em situação de risco. (Redação pela Lei nº 14.026, de 2020)

§ 2º Os planos de que tratam os incisos I e II do caput deste artigo devem ser elaborados com horizonte de 20 (vinte) anos, avaliados anualmente e revisados a cada 4 (quatro) anos, preferencialmente em períodos coincidentes com os de vigência dos planos plurianuais.

§ 3º A União estabelecerá, de forma subsidiária aos Estados, blocos de referência para a prestação regionalizada dos serviços públicos de saneamento básico. (Incluído pela Lei nº 14.026, de 2020)

Art. 53. Fica instituído o Sistema Nacional de Informações em Saneamento Básico – SINISA, com os objetivos de:

I – coletar e sistematizar dados relativos às condições da prestação dos serviços públicos de saneamento básico;

II – disponibilizar estatísticas, indicadores e outras informações relevantes para a caracterização da demanda e da oferta de serviços públicos de saneamento básico;

III – permitir e facilitar o monitoramento e avaliação da eficiência e da eficácia da prestação dos serviços de saneamento básico.

§ 1º As informações do Sinisa são públicas, gratuitas, acessíveis a todos e devem ser publicadas na internet, em formato de dados abertos. (Redação pela Lei nº 14.026, de 2020)

§ 2º A União apoiará os titulares dos serviços a organizar sistemas de informação em saneamento básico, em atendimento ao disposto no inciso VI do caput do art. 9º desta Lei.

§ 3º Compete ao Ministério do Desenvolvimento Regional a organização, a implementação e a gestão do Sinisa, além do estabelecimento dos critérios, dos métodos e da periodicidade para o preenchimento das informações pelos titulares, pelas entidades reguladoras e pelos prestadores dos serviços e para a auditoria própria do sistema. (Redação pela Lei nº 14.026, de 2020)

§ 4º A ANA e o Ministério do Desenvolvimento Regional promoverão a interoperabilidade do Sistema Nacional de Informações sobre Recursos Hídricos (SNIRH) com o Sinisa. (Redação pela Lei nº 14.026, de 2020)

§ 5º O Ministério do Desenvolvimento Regional dará ampla transparência e publicidade aos sistemas de informações por ele geridos e considerará as demandas dos órgãos e das entidades envolvidos na política federal de saneamento básico para fornecer os dados necessários ao desenvolvimento, à implementação e à avaliação das políticas públicas do setor. (Redação pela Lei nº 14.026, de 2020)

§ 6º O Ministério do Desenvolvimento Regional estabelecerá mecanismo sistemático de auditoria das informações inseridas no Sinisa. (Redação pela Lei nº 14.026, de 2020)

§ 7º Os titulares, os prestadores de serviços públicos de saneamento básico e as entidades reguladoras fornecerão as informações a serem inseridas no Sinisa. (Redação pela Lei nº 14.026, de 2020)

Art. 53-A. Fica criado o Comitê Interministerial de Saneamento Básico (Cisb), colegiado que, sob a presidência do Ministério do Desenvolvimento Regional, tem a finalidade de assegurar a implementação da política federal de saneamento básico e de articular a atuação dos órgãos e das entidades federais na alocação de recursos financeiros em ações de saneamento básico. (Redação pela Lei nº 14.026, de 2020)

Parágrafo único. A composição do Cisb será definida em ato do Poder Executivo federal. (Redação pela Lei nº 14.026, de 2020)

Art. 53-B. Compete ao Cisb: (Redação pela Lei nº 14.026, de 2020)

I – coordenar, integrar, articular e avaliar a gestão, em âmbito federal, do Plano Nacional de Saneamento Básico; (Redação pela Lei nº 14.026, de 2020)

II – acompanhar o processo de articulação e as medidas que visem à destinação dos recursos para o saneamento básico, no âmbito do Poder Executivo federal; (Redação pela Lei nº 14.026, de 2020)

III – garantir a racionalidade da aplicação dos recursos federais no setor de saneamento básico, com vistas à universalização dos serviços e à ampliação dos investimentos públicos e privados no setor; (Redação pela Lei nº 14.026, de 2020)

IV – elaborar estudos técnicos para subsidiar a tomada de decisões sobre a alocação de recursos federais no âmbito da política federal de saneamento básico; e (Redação pela Lei nº 14.026, de 2020)

V – avaliar e aprovar orientações para a aplicação dos recursos federais em saneamento básico. (Redação pela Lei nº 14.026, de 2020)

Art. 53-C. Regimento interno disporá sobre a organização e o funcionamento do Cisb. (Redação pela Lei nº 14.026, de 2020)

Art. 53-D. Fica estabelecida como política federal de saneamento básico a execução de obras de infraestrutura básica de esgotamento sanitário e abastecimento de água potável em núcleos urbanos formais, informais e informais consolidados, passíveis de serem objeto de Regularização Fundiária Urbana (Reurb), nos termos da Lei nº 13.465, de 11 de julho de 2017, salvo aqueles que se encontrarem em situação de risco. (Redação pela Lei nº 14.026, de 2020)

Parágrafo único. Admite-se, prioritariamente, a implantação e a execução das obras de infraestrutura básica de abastecimento de água e esgotamento sanitário mediante sistema condominial, entendido como a participação comunitária com tecnologias apropriadas para produzir soluções que conjuguem redução de custos de operação e aumento da eficiência, a fim de criar condições para a universalização. (Redação pela Lei nº 14.026, de 2020)

CAPÍTULO X
DISPOSIÇÕES FINAIS

Art. 54. (VETADO).

Art. 54-A. Fica instituído o Regime Especial de Incentivos para o Desenvolvimento do Saneamento Básico – REISB, com o objetivo de estimular a pessoa jurídica prestadora de serviços públicos de saneamento básico a aumentar seu volume de investimentos por meio da concessão de créditos tributários. (Incluído pela Lei nº 13.329, de 2016) (Produção de efeito)

Parágrafo único. A vigência do Reisb se estenderá até o ano de 2026. (Incluído pela Lei nº 13.329, de 2016) (Produção de efeito)

Art. 54-B. É beneficiária do Reisb a pessoa jurídica que realize investimentos voltados para a sustentabilidade e para a eficiência dos sistemas de saneamento básico e em acordo com o Plano Nacional de Saneamento Básico. (Incluído pela Lei nº 13.329, de 2016) (Produção de efeito)

§ 1º Para efeitos do disposto no *caput*, ficam definidos como investimentos em sustentabilidade e em eficiência dos sistemas de saneamento básico aqueles que atendam: (Incluído pela Lei nº 13.329, de 2016) (Produção de efeito)

I – ao alcance das metas de universalização do abastecimento de água para consumo humano e da coleta e tratamento de esgoto; (Incluído pela Lei nº 13.329, de 2016) (Produção de efeito)

II – à preservação de áreas de mananciais e de unidades de conservação necessárias à proteção das condições naturais e de produção de água; (Incluído pela Lei nº 13.329, de 2016) (Produção de efeito)

III – à redução de perdas de água e à ampliação da eficiência dos sistemas de abastecimento de água para consumo humano e dos sistemas de coleta e tratamento de esgoto; (Incluído pela Lei nº 13.329 de 2016) (Produção de efeito)

IV – à inovação tecnológica. (Incluído pela Lei nº 13.329, de 2016) (Produção de efeito)

§ 2º Somente serão beneficiados pelo Reisb projetos cujo enquadramento às condições definidas no *caput* seja atestado pela Administração da pessoa jurídica beneficiária nas demonstrações financeiras dos períodos em que se apurarem ou se utilizarem os créditos. (Incluído pela Lei nº 13.329, de 2016) (Produção de efeito)

§ 3º Não se poderão beneficiar do Reisb as pessoas jurídicas optantes pelo Regime Especial Unificado de Arrecadação de Tributos e Contribuições devidos pelas Microempresas e Empresas de Pequeno Porte – Simples Nacional, de que trata a Lei Complementar nº 123, de 14 de dezembro de 2006, e as pessoas jurídicas de que tratam o inciso II do art. 8º da Lei nº 10.637, de 30 de dezembro de 2002, e o inciso II do art. 10 da Lei nº 10.833, de 29 de dezembro de 2003. (Incluído pela Lei nº 13.329, de 2016) (Produção de efeito)

§ 4º A adesão ao Reisb é condicionada à regularidade fiscal da pessoa jurídica em relação aos impostos e às contribuições administrados pela Secretaria da Receita Federal do Brasil. (Incluído pela Lei nº 13.329, de 2016) (Produção de efeito)

Art. 54-C. (VETADO) (Incluído pela Lei nº 13.329, de 2016) (Produção de efeito)

Art. 55. O § 5º do art. 2º da Lei nº 6.766, de 19 de dezembro de 1979, passa a vigorar com a seguinte redação: (Vigência)

"Art. 2º...

....

§ 5º A infra-estrutura básica dos parcelamentos é constituída pelos equipamentos urbanos de escoamento das águas pluviais, iluminação pública, esgotamento sanitário, abastecimento de água potável, energia elétrica pública e domiciliar e vias de circulação.

...." (NR)

Art. 56. (VETADO)

Art. 57. O inciso XXVII do caput do art. 24 da Lei nº 8.666, de 21 de junho de 1993, passa a vigorar com a seguinte redação: (Vigência)

"Art. 24. ....

....

XXVII - na contratação da coleta, processamento e comercialização de resíduos sólidos urbanos recicláveis ou reutilizáveis, em áreas com sistema de coleta seletiva de lixo, efetuados por associações ou cooperativas formadas exclusivamente por pessoas físicas de baixa renda reconhecidas pelo poder público como catadores de materiais recicláveis, com o uso de equipamentos compatíveis com as normas técnicas, ambientais e de saúde pública.

...." (NR)

Art. 58. O art. 42 da Lei nº 8.987, de 13 de fevereiro de 1995, passa a vigorar com a seguinte redação: (Vigência) (Vide ADIN 4058)

"Art. 42. ....

§ 1º Vencido o prazo mencionado no contrato ou ato de outorga, o serviço poderá ser prestado por órgão ou entidade do poder concedente, ou delegado a terceiros, mediante novo contrato.

....

§ 3º As concessões a que se refere o § 2º deste artigo, inclusive as que não possuam instrumento que as formalize ou que possuam cláusula que preveja prorrogação, terão validade máxima até o dia 31 de dezembro de 2010, desde que, até o dia 30 de junho de 2009, tenham sido cumpridas, cumulativamente, as seguintes condições:

I – levantamento mais amplo e retroativo possível dos elementos físicos constituintes da infra-estrutura de bens reversíveis e dos dados financeiros, contábeis e comerciais relativos à prestação dos serviços, em dimensão necessária e suficiente para a realização do cálculo de eventual indenização relativa aos investimentos ainda não amortizados pelas receitas emergentes da concessão, observadas as disposições legais e contratuais que regulavam a prestação do serviço ou a ela aplicáveis nos 20 (vinte) anos anteriores ao da publicação desta Lei;

II – celebração de acordo entre o poder concedente e o concessionário sobre os critérios e a forma de indenização de eventuais créditos remanescentes de investimentos ainda não amortizados ou depreciados, apurados a partir dos levantamentos referidos no inciso I deste parágrafo e auditados por instituição especializada escolhida de comum acordo pelas partes; e

III – publicação na imprensa oficial de ato formal de autoridade do poder concedente, autorizando a prestação precária dos serviços por prazo de até 6 (seis) meses, renovável até 31 de dezembro de 2008, mediante comprovação do cumprimento do disposto nos incisos I e II deste parágrafo.

§ 4° Não ocorrendo o acordo previsto no inciso II do § 3° deste artigo, o cálculo da indenização de investimentos será feito com base nos critérios previstos no instrumento de concessão antes celebrado ou, na omissão deste, por avaliação de seu valor econômico ou reavaliação patrimonial, depreciação e amortização de ativos imobilizados definidos pelas legislações fiscal e das sociedades por ações, efetuada por empresa de auditoria independente escolhida de comum acordo pelas partes.

§ 5° No caso do § 4° deste artigo, o pagamento de eventual indenização será realizado, mediante garantia real, por meio de 4 (quatro) parcelas anuais, iguais e sucessivas, da parte ainda não amortizada de investimentos e de outras indenizações relacionadas à prestação dos serviços, realizados com capital próprio do concessionário ou de seu controlador, ou originários de operações de financiamento, ou obtidos mediante emissão de ações, debêntures e outros títulos mobiliários, com a primeira parcela paga até o último dia útil do exercício financeiro em que ocorrer a reversão.

§ 6º Ocorrendo acordo, poderá a indenização de que trata o § 5º deste artigo ser paga mediante receitas de novo contrato que venha a disciplinar a prestação do serviço." (NR)

Art. 59. (VETADO).

Art. 60. Revoga-se a Lei nº 6.528, de 11 de maio de 1978.

Brasília, 5 de janeiro de 2007; 186º da Independência e 119º da República.

LUIZ INÁCIO LULA DA SILVA

Márcio Fortes de Almeida

Luiz Paulo Teles Ferreira Barreto

Bernard Appy

Paulo Sérgio Oliveira Passos

Luiz Marinho

José Agenor Álvares da Silva

Fernando Rodrigues Lopes de Oliveira

Marina Silva

Este texto não substitui o publicado no DOU de 8.1.2007 e retificado em 11.1.2007.

EDITORA
JusPODIVM
www.editorajuspodivm.com.br